"城市轨道交通控制专业"教材编写委员会

主　　任：张惠敏（郑州铁路职业技术学院 系主任 教授）
　　　　　贾　萍（郑州市轨道交通有限公司设备物资部副部长 高级工程师）
副 主 任：穆中华（郑州铁路职业技术学院 副教授 高级工程师）
　　　　　陈享成（郑州铁路职业技术学院 副主任 副教授）
　　　　　王民湘（郑州铁路局郑州电务段副段长 教授级高工）
　　　　　金立新（郑州铁路局通信段副段长 高级工程师）
　　　　　郑予君（河南辉煌科技股份有限公司 总经理）
　　　　　谢　鸥（中兴通讯股份有限公司 NC 通讯学院 总经理）
　　　　　王明英（郑州铁路局郑州电务段职工教育科科长 高级工程师）
　　　　　杜胜军（郑州铁路局通信段职工教育科科长 高级工程师）
　　　　　左在文（郑州铁路局新乡电务段职工教育科科长 高级工程师）
　　　　　胡宜军（郑州市装联电子有限公司 总经理）
　　　　　李福建（河南辉煌科技股份有限公司 工程师）
　　　　　莫振栋（柳州铁道职业技术学院 系主任 副教授 铁道行指委铁道通信信号专业指导委员会秘书）
　　　　　翟红兵（辽宁铁道职业技术学院 副院长 副教授 铁道行指委铁道通信信号专指委委员）
　　　　　薄宜勇（南京铁道职业技术学院 系主任 副教授 铁道行指委铁道通信信号专指委委员）
　　　　　高嵘华（西安铁路职业技术学院 副教授 铁道行指委铁道通信信号专指委委员）
　　　　　李　锐（安徽交通职业技术学院 系主任 副教授）
委　　员（按拼音排序）：
　　　　　毕纲要　薄宜勇　曹　冰　曹丽新　常仁杰　陈福涛　陈享成
　　　　　陈艳华　陈志红　程　灿　程建兵　杜胜军　杜先华　付　涛
　　　　　高　峰　高嵘华　高　玉　胡小伟　胡宜军　黄根岭　贾　萍
　　　　　江兴盟　蒋建华　金立新　兰天明　李春莹　李芳毅　李福建
　　　　　李丽兰　李　锐　李珊珊　李勇霞　梁宏伟　梁明亮　刘海燕
　　　　　刘素芳　刘　伟　刘喜菊　刘云珍　孟克与　莫振栋　穆中华
　　　　　彭大天　任全会　阮祥国　邵连付　孙逸洁　陶汉卿　王民湘
　　　　　王明英　王　庆　王　文　王学力　韦成杰　吴广荣　吴　昕
　　　　　吴新民　谢　丹　谢　鸥　徐晓冰　薛　波　燕　燕　杨　辉
　　　　　杨婧雅　杨艳芳　于　军　翟红兵　张惠敏　张江波　张清淼
　　　　　张云凤　赵　静　赵文丽　赵　阳　郑乐藩　郑予君　周朝东
　　　　　周建涛　周栓林　朱　锦　朱力宏　朱卓瑾　左在文

国家骨干高职院校建设
郑州铁路职业技术学院项目化教学规划教材建设委员会

主 任：苏东民（郑州铁路职业技术学院）
　　　　李学章（郑州铁路局）

副主任：董黎生（郑州铁路职业技术学院）
　　　　张　洲（郑州市轨道交通有限公司）
　　　　胡书强（郑州铁路局职工教育处）

委　员（按拼音排序）：
　　　　陈享成（郑州铁路职业技术学院）
　　　　戴明宏（郑州铁路职业技术学院）
　　　　董黎生（郑州铁路职业技术学院）
　　　　冯　湘（郑州铁路职业技术学院）
　　　　耿长清（郑州铁路职业技术学院）
　　　　胡殿宇（郑州铁路职业技术学院）
　　　　胡书强（郑州铁路局职工教育处）
　　　　华　平（郑州铁路职业技术学院）
　　　　李保成（郑州铁路局工务处）
　　　　李福胜（郑州铁路职业技术学院）
　　　　李学章（郑州铁路局）
　　　　马锡忠（郑州铁路局运输处）
　　　　马子彦（郑州市轨道交通有限公司）
　　　　倪　居（郑州铁路职业技术学院）
　　　　石建伟（郑州铁路局车辆处）
　　　　宋文朝（郑州铁路局机务处）
　　　　苏东民（郑州铁路职业技术学院）
　　　　王汉兵（郑州铁路局供电处）
　　　　伍　玫（郑州铁路职业技术学院）
　　　　徐广民（郑州铁路职业技术学院）
　　　　杨泽举（郑州铁路局电务处）
　　　　张　洲（郑州市轨道交通有限公司）
　　　　张惠敏（郑州铁路职业技术学院）
　　　　张中央（郑州铁路职业技术学院）

高职高专"十二五"规划教材
——城市轨道交通控制专业

信号微机监测

常仁杰　韦成杰　主　编
张艳华　陶汉卿　副主编
李福建　贾　萍　主　审

化学工业出版社
·北京·

本书是项目化教材,全面系统地阐述了信号微机监测系统的结构、原理及作用。本书围绕信号微机监测系统维护及根据微机监测系统分析判断被监测信号设备的性能、故障,结合现场的实际工作情况,提炼出若干个典型的工作任务,使教学更加接近于现场的实际工作。全书共分为三个项目,即项目一信号微机监测系统认知;项目二信号微机监测设备维护;项目三信号微机监测系统应用。

本书可作为高职高专、职业中专轨道交通控制及铁道通信信号专业的教材,也可作为电务段职工的培训教材和广大地铁信号工、国铁信号工的参考用书。

图书在版编目（CIP）数据

信号微机监测/常仁杰,韦成杰主编. —北京:化学工业出版社,2014.4（2025.1重印）
高职高专"十二五"规划教材. 城市轨道交通控制专业
ISBN 978-7-122-19796-2

Ⅰ.①信… Ⅱ.①常…②韦… Ⅲ.①城市铁路-铁路信号-监测-高等职业教育-教材 Ⅳ.①U239.5

中国版本图书馆 CIP 数据核字（2014）第 027803 号

责任编辑:张建茹　　　　　　　　　文字编辑:云　雷
责任校对:宋　玮　　　　　　　　　装帧设计:尹琳琳

出版发行:化学工业出版社（北京市东城区青年湖南街 13 号　邮政编码 100011）
印　　装:北京建宏印刷有限公司
787mm×1092mm　1/16　印张 12½　字数 313 千字　2025 年 1 月北京第 1 版第 9 次印刷

购书咨询:010-64518888　　　　　　　　　售后服务:010-64518899
网　　址:http://www.cip.com.cn
凡购买本书,如有缺损质量问题,本社销售中心负责调换。

定　价:39.00 元　　　　　　　　　　　　　　　　　　　版权所有　违者必究

序

"城市轨道交通控制专业"是伴随城市快速发展、交通运输运能需求快速增长而发展起来的新兴专业,是城轨交通运输调度指挥系统核心设备运营维护的关键岗位。城市轨道交通控制系统是城轨交通系统运输调度指挥的灵魂,其全自动行车调度指挥控制模式,向传统的以轨道电路作为信息传输媒介的列车运行控制系统提出了新的挑战。随着 3C 技术[即:控制技术(Control)、通信技术(Communication)和计算机技术(Computer)]的飞跃发展,城轨交通控制专业岗位内涵和从业标准也随着技术和装备的升级不断发生变化,对岗位能力的需求向集信号控制、通信、计算机网络于一体的复合人才转化。

本套教材以职业岗位能力为依据,形成以城市轨道交通控制专业为核心、由铁道通信信号、铁道通信技术、电子信息工程技术等专业组成的专业群,搭建了专业群课程技术平台并形成各专业课程体系,教材开发全过程体现了校企合作,由铁路及城市轨道交通等运维企业、产品制造及系统集成企业、全国铁道行业教学指导委员会铁道通信信号专业教学指导委员会和部分相关院校合作完成。

本套教材在内容上,以检修过程型、操作程序型、故障检测型、工艺型项目为主体,紧密结合职业技能鉴定标准,涵盖现场的检修作业流程、常见故障处理;在形式上,以实际岗位工作项目为编写单元,设置包括学习提示、工艺(操作或检修)流程、工艺(操作或检修)标准、课堂组织、自我评价、非专业能力拓展等内容,强调教学过程的设计;在场景设计上,要求课堂环境模拟现场的岗位情境、模拟具体工作过程,方便学生自我学习、自我训练、自我评价,实现"做中学"(learning by doing),融"学习过程"与"工作过程"为一体。

本套教材兼顾国铁与地铁领域信号设备制式等方面的不同需求,求同存异。整体采用模块化结构,使用时,可有针对性地灵活选择所需要的模块,并结合各自的优势和特色,使教学内容和形式不断丰富和完善,共同为"城市轨道交通控制专业"的发展作出更大贡献。

"城市轨道交通控制专业"教材编委会
2013 年 7 月

前言

信号微机监测系统是城轨交通及铁路运输的重要行车安全设备。该系统的研制成功并在全路大面积的推广使用，对于进一步提高信号设备的安全可靠性，强化结合部管理，改善和优化现场维修具有划时代的重要意义。

信号微机监测是电务安全的"黑匣子"，是信号维修技术的重要突破，是信号维修体制改革的重要技术支撑，是信号设备实现"状态修"的必要手段，也是信号技术向高安全、高可靠和网络化、数字化和智能化发展的重要标志之一。传统信号设备一方面不具备实时自诊断设备电气特性是否合乎标准的能力，另一方面也不具备对行车信息的长时间记忆、存储和历史回放的能力。长期以来，信号工作者一直都希望借助计算机技术来弥补传统信号设备的缺陷。信号微机监测系统克服了这一重大缺点。

本书通过对企业现场信号微机监测设备维护的典型工作任务进行分析，归纳出三个项目，并按项目化教学的方式进行编写。每个项目中包括几个典型的任务，有的任务是设备认知，有的任务是检修维护，有的是设备操作。希望既对学生的实际维护能力有针对性训练，又能为学生奠定一定的理论基础。

第一部分是信号微机监测系统认知(项目一)，介绍了信号微机监测系统总体结构，如信号微机监测设备的三级四层的总体框架结构、每层组成及基本功能。车站监测设备及电务段监测中心设备的结构及功能，电压、电流、开关量及电缆绝缘漏流信息采集处理的原理。

第二部分是信号微机监测设备维护(项目二)，介绍了不同信号设备的监测设备组成、监测点的设置、传感器的选用、日常维护、常见故障及处理（监测设备本身）。

第三部分是信号微机监测系统应用(项目三)，介绍了站机的操作、正常结果，更多的常见异常结果及对应的被监测设备的故障以及处理。对被监测信号设备的故障进行了辅助分析。

郑州铁路职业技术学院常仁杰担任第一主编，编写了项目三的任务一及课程设计，并负责全书统稿；郑州铁路职业技术学院韦成杰担任第二主编，编写了项目一的任务一及项目二的任务一至任务六；郑州铁路职业技术学院李丽兰编写了项目二的任务七至任务十五；武汉铁路职业技术学院张艳华担任本书副主编，编写了项目三的任务二及任务一的七、八部分；柳州铁道职业技术学院陶汉卿担任副主编编写了项目一的任务二；郑州铁路职业技术学院曹丽新、胡卫星整理编写了附录。

河南辉煌科技股份有限公司的李福建担任第一主审对全书进行审定，郑州轨道交通有限公司的贾萍担任第二主审。

本书为城市轨道交通控制专业及专业群建设国家骨干院校建设项目中央财政重点支持专业建设项目之一，项目编号 11-18-04。

本书在编写过程中，郑州电务段的刘云珍和河南辉煌科技股份有限公司的刘晓同志提供了大量的相关资料，在此表示真诚的感谢，在此本书所有编者对参考文献中所列专著、教材等的作者们表示最真诚的谢意。由于编者水平有限，书中难免有疏漏和不足之处，恳请读者批评指正。

编者
2014 年 2 月

目录

- 课程整体设计 ... 1

- 项目一 信号微机监测系统认知 ... 6
  - 任务一 信号微机监测系统设备认知 ... 6
  - 任务二 信号微机监测数据采集处理系统认知 ... 17
  - 习题 ... 31

- 项目二 信号微机监测设备维护 ... 32
  - 任务一 电源屏监测设备维护 ... 32
  - 任务二 列车信号机点灯回路电流监测设备维护 ... 38
  - 任务三 轨道电路监测设备维护 ... 42
  - 任务四 转辙机监测设备维护 ... 46
  - 任务五 外电网综合质量监测设备维护 ... 58
  - 任务六 64D 半自动闭塞监测设备维护 ... 60
  - 任务七 集中式移频监测设备维护 ... 63
  - 任务八 电缆绝缘及电源漏流监测设备维护 ... 69
  - 任务九 道岔表示电压监测设备维护 ... 79
  - 任务十 列车主灯丝断丝监测设备维护 ... 81
  - 任务十一 熔丝断丝监测设备维护 ... 84
  - 任务十二 环境状态的模拟量监测设备维护 ... 87
  - 任务十三 开关量监测 ... 89
  - 任务十四 监测接口 ... 92
  - 任务十五 监测电路典型故障案例分析 ... 94
  - 习题 ... 97

- 项目三 信号微机监测系统应用 ... 98
  - 任务一 信号微机监测设备站机的日常操作 ... 98
  - 任务二 利用信号微机监测系统分析信号设备故障 ... 162
  - 习题 ... 175

- 附录 信号集中监测系统技术条件（2010 版） ... 176

- 参考文献 ... 191

课程整体设计

一、课程内容设计

《信号微机监测》共分为3个项目,根据现场具体的工作内容及教学情况,每个项目分别设置了相应的工作任务,具体教学内容安排如下表。

项目名称	工 作 任 务	建议课时分配
项目一 信号微机监测系统认知	任务一 信号微机监测系统设备认知	6学时
	任务二 信号微机监测数据采集处理系统认知	8学时
项目二 信号微机监测设备维护	任务一 电源屏监测设备维护	2学时
	任务二 列车信号机点灯回路电流监测设备维护	2学时
	任务三 轨道电路监测设备维护	1学时
	任务四 转辙机监测设备维护	1学时
	任务五 外电网综合质量监测设备维护	1学时
	任务六 64D半自动闭塞监测设备维护	1学时
	任务七 集中式移频监测设备维护	1学时
	任务八 电缆绝缘及电源漏流监测设备维护	1学时
	任务九 道岔表示电压监测设备维护	1学时
	任务十 列车主灯丝断丝监测设备维护	1学时
	任务十一 熔丝断丝监测设备维护	1学时
	任务十二 环境状态的模拟量监测设备维护	1学时
	任务十三 开关量监测	1学时
	任务十四 监测接口	1学时
	任务十五 监测电路典型故障案例分析	2学时
项目三 信号微机监测系统应用	任务一 信号微机监测设备站机的日常操作	8学时
	任务二 利用信号微机监测系统分析信号设备故障	8学时

二、课程目标设计

通过本课程学习,使学生了解微机监测系统的结构组成,监测系统的原理、功能,掌握各类采集机的基本组成和作用,不同信号设备监测的原理,采用的传感器、隔离器等。

1. 知识目标

① 掌握微机监测系统的总体结构、不同层次的微机监测系统的组成;
② 掌握各类传感器的功能、车站采集机的功能、各种数据信息采集处理原理;

1

③ 掌握开关量、电压模拟量、电流模拟量的采集原理、电缆绝缘、电源对地漏流的采集测试原理；

④ 掌握站机报警分类及报警分析、道岔正常动作电流曲线、根据道岔故障电流曲线分析故障原因。

2. 能力目标

① 会站机与采集机的连接、站机与其他智能信号设备的连接、能对传感器认知、采集机认知；

② 能对各种监测设备认知、对各种监测设备故障进行分析处理；

③ 会对日常数据报表、曲线调看与分析、精度校核操作、上下限设置操作、电缆绝缘漏流测试、轨道电路残压测试及残压报表生成、回放再现操作；

④ 会对道岔动作电流曲线进行分析、轨道电路电压曲线进行分析。

3. 素质目标

① 端正的学习态度，培养学生勤于思考、做事认真的良好作风；

② 培养学生的环保意识、质量意识、安全意识；

③ 培养学生勇于创新、对新知识的学习能力、敬业乐业的工作作风；

④ 培养学生的沟通能力及团队协作精神。

三、课程教学资源要求

1. 课程环境要求

本课程必须有空间足够教学做一体化教室及实训室，有足够的车站站机、采集机及机柜、电务段服务器、监测终端、维修终端等操作练习，有足够的万用表等仪器设备供学生测量使用。

2. 师资要求

① 具备各类信号微机监测的理论知识；

② 熟悉各项技术标准，具备一定的现场维护经验，有较高实际动手能力；

③ 具备较强的对采集电路故障分析能力；

④ 具有比较强的驾驭课堂的能力，具有较强的责任心和良好的职业道德。

四、项目设置与项目能力培养目标分解

教学内容		学习目标	应知应会知识	实作技能
项目一 信号微机监测系统认知	任务一 信号微机监测系统设备认知	①认知信号微机监测系统设备功能； ②认知车站监测设备结构及功能； ③认识电务段监测中心设备结构及功能	①微机监测系统的总体结构； ②不同层次的微机监测系统的组成； ③各类传感器的功能； ④车站采集机的功能； ⑤站机的功能； ⑥开关量的采集原理； ⑦电压模拟量的采集原理； ⑧电流模拟量的采集原理； ⑨电缆绝缘电源漏流的测量原理	①能够插接各类信号监测设备； ②能够画出各类监测设备的连接图
	任务二 信号微机监测数据采集处理系统认知	①电压数据采集处理原理认知； ②电流数据采集处理原理认知； ③开关量信息采集处理原理认知； ④电缆绝缘漏流信息采集处理原理认知		

续表

教学内容		学习目标	应知应会知识	实作技能
项目二 信号微机监测设备维护	任务一 电源屏监测设备维护	①能掌握电源屏监测对象、监测点及监测流程；②能识别电源屏监测设备；③能分析处理电源屏监测设备故障	①电源屏监测设备采集点及采集机的工作状态；②列车信号机点灯回路电流监测设备采集点及采集机的工作状态；③轨道电路监测设备采集点及采集机的工作状态；④转辙机监测设备采集点及采集机的工作状态；⑤外电网综合质量监测设备采集点及采集机的工作状态；⑥64D半自动闭塞监测设备采集点及采集机的工作状态；⑦集中式移频监测设备采集点及采集机的工作状态；⑧电缆绝缘及电源漏流监测设备采集点及采集机的工作状态；⑨道岔表示电压监测设备采集点及采集机的工作状态；⑩列车主灯丝断丝监测设备采集点及采集机的工作状态；⑪熔丝断丝监测设备采集点及采集机的工作状态；⑫环境状态的模拟量监测设备采集点及采集机的工作状态；⑬开关量监测采集点及采集机的工作状态；⑭监测接口类型识别	①各种监测设备日常维护；②各种监测设备故障分析处理；③监测电路典型故障案例分析
	任务二 列车信号机点灯回路电流监测设备维护	①能掌握信号机监测对象、监测点及监测流程；②能识别信号机监测设备；③能分析处理信号机监测设备故障		
	任务三 轨道电路监测设备维护	①能掌握轨道电路监测对象、监测点及监测流程；②能识别轨道电路监测设备；③能分析处理轨道电路监测设备故障		
	任务四 转辙机监测设备维护	①能掌握道岔监测对象、监测点及监测流程；②能识别道岔监测设备；③能分析处理道岔监测设备故障		
	任务五 外电网综合质量监测设备维护	①能掌握外电网监测对象、监测点及监测流程；②能识别外电网监测设备；③能分析处理外电网监测设备故障		
	任务六 64D半自动闭塞监测设备维护	①掌握64D半自动闭塞监测的监测对象及监测点；②掌握64D半自动闭塞监测的监测处理流程；③会维护64D半自动闭塞监测设备；④会处理常见的监测设备故障		
	任务七 集中式移频监测设备维护	①掌握集中移频监测的监测对象及监测点；②掌握集中移频监测的监测处理流程；③会维护集中移频监测设备；④会处理常见的监测设备故障		
	任务八 电缆绝缘及电源漏流监测设备维护	①能掌握电缆绝缘、电源漏流监测点选取原理及监测流程；②能识别电缆绝缘、电源漏流监测设备；③能分析处理电缆绝缘电源漏流监测设备故障		
	任务九 道岔表示电压监测设备维护	①掌握道岔表示电压监测的监测对象；②掌握普通道岔和提速道岔监测点；③掌握监测标准；④会分析常见的监测设备故障		
	任务十 列车主灯丝断丝监测设备维护	①掌握监测的监测对象；②掌握监测点；③掌握监测标准；④会处理常见的监测设备故障		

续表

教学内容		学习目标	应知应会知识	实作技能
项目二 信号微机监测设备维护	任务十一 熔丝断丝监测设备维护	①掌握监测点；②掌握监测流程		
	任务十二 环境状态的模拟量监测设备维护	①掌握环境状态监测的监测对象；②掌握监测用传感器功能；③掌握监测标准；④会处理常见的监测设备故障		
	任务十三 开关量监测	①能掌握开关量监测对象、监测点及监测流程；②能识别开关量监测设备；③能分析处理开关量监测设备故障		
	任务十四 监测接口	①掌握使用接口方式监测的监测对象；②掌握通信接口类型；③会处理常见的监测设备故障		
	任务十五 监测电路典型故障案例分析	①掌握站机与各采集机之间通讯故障分析方法；②掌握计算机故障分析方法		
项目三 信号微机监测系统应用	任务一 信号微机监测日常操作	①日常数据报表、曲线调看与分析；②精度校核操作、上下限设置操作、绝缘漏流测试；③轨道电路残压测试及残压报表生成；④回放再现操作；⑤站机报警信息分析；⑥道岔动作电流曲线分析；⑦轨道电路电压曲线分析	①站机报警分类及报警分析；②掌握道岔正常动作电流曲线；③根据道岔故障电流曲线分析故障原因；④轨道电路正常的监测曲线；⑤电源屏正常的监测曲线	①日常数据报表、曲线调看与分析；②精度校核操作；③上下限设置操作；④电缆绝缘漏流测试；⑤轨道电路残压测试及残压报表生成；⑥回放再现操作；⑦道岔动作电流曲线分析；⑧轨道电路电压曲线分析
	任务二 利用信号微机监测系统分析信号设备故障	①掌握轨道电路典型故障案例分析方法；②掌握道岔设备典型故障案例分析方法；③掌握电源屏设备典型故障的分析方法		

五、课程考核方案设计

(一) 项目化教学考核内容说明

项目化教学考核依据铁路职业技能鉴定标准——信号工（车站与区间信号设备维修），确定考核内容和评分标准。

考核内容包括应知应会知识、实作技能、平时成绩和作业课业四部分。

(二) 项目化教学评分标准

（1）应知应会知识考核（30分）

应知应会知识考核题型为填空题、选择题和判断题，出题原则为必须掌握的基本概念和检修维护标准，难易适中，题量较大。考试内容见上表中应知应会知识，考试时间45min，试题分值100分，占总成绩的30%。

本课程采用闭卷考试，所有上课班级教学结束时考试。课程资源库中应有相应试题库作为支撑，确保试卷的有效性和科学性。

（2）实作技能考核（40分）

实作技能依据项目化教学的内容确定，包括基本操作技能、监测设备检修技能和故障分析技能等，按照企业岗位技能要求，制定时间标准和操作标准。考试方式、时间由课程建设小组确定，考核内容及要求如下表。

考 核 内 容		考 核 要 求
站机设备基本操作类（10分）	① 数据调看	①采用抽签方式,每类抽取1项作为考核内容； ②考核时限10min； ③考核方式采用口试、笔试加操作； ④分段式教学结束后，由教研室统一安排时间考试； ⑤无故不参加考试的，实作技能考试40分扣完； ⑥评分标准见实做试卷。
	② 精度校核操作	
	③ 回放再现操作	
监测设备检修类（15分）	① 机柜设备检修	
	② 上位机设备检修	
	③ 分散采集设备检修	
故障分析类（15分）	① 各种监测设备故障分析处理	
	② 轨道电路故障案例分析	
	③ 道岔故障案例分析	

（3）平时成绩（15分）

平时成绩包括考勤（5分）和课堂表现（10分）。

分段式教学时间比较集中，项目进行较快，因此对请假旷课规定比较严格。请假一节课扣1分，旷课一次扣2分，扣完5分为止。超过学校规定时数，不允许参加考试。

课堂表现根据学生课堂学习态度、问题回答情况，由教师酌情给出分数。迟到、早退、上课睡觉、不认真听讲均属于学习态度不好，发现1次扣1分，扣完10分为止。课堂提问分为良好、一般和不好，不好1次扣1分，扣完10分为止，良好和一般作为教师提问记录，以便能均衡提问到每个学生。

（4）作业、课业考核（15分）

作业、课业考核包括作业5分和课业10分。

按照时间节点，完成任课教师布置的作业。要求使用统一的作业本书写。任课教师根据作业情况酌情给出分数。

按照时间节点，完成任课教师布置的课业。课业的考核标准由课程建设小组制定，应规定课业内容、质量、上交时间以及提交形式等要求。

六、教学建议

本门课是一个综合性很强的课程，它涉及信号专业的所有专业课程，只有对信号专业的其他课程的知识熟练掌握才能更好地学习这门课程，也只有对被监测的信号设备的工作原理、正常状态掌握后才能结合信号监测设备来分析判断监测数据的正常与否，才能根据监测数据分析判断被监测设备的性能好坏、故障情况。因此要求在教学工作中指导学生复习原来学习的专业课程。这门课程是操作性、动手性较强的科目，在教学过程中鼓励学生多动手进行实际的操作练习和设备测试，为现场实际运用维护工作打下良好的基础。

考核方面，以期末理论考试和实作考核为主，注重应用能力考核。

项目一
信号微机监测系统认知

项目导引 ▶▶▶

信号微机监测系统是保证行车安全、加强信号设备结合部管理、监测铁路信号设备运用质量的重要行车设备。信号微机监测系统以主要信号设备为对象，以融合的现代传感器、现场总线、计算机网络通信、软件工程及数据库等技术为手段，监测并记录设备运行状态、统计分析相关数据、加强设备管理，为信号维护管理部门掌握设备当前状态、进行故障分析、指导现场作业和管理提供科学依据，从而提高信号设备维护效率和维护水平。

通过本项目的学习，可以清楚地了解信号微机监测系统的整体结构以及各子系统的设备和功能，并且可以对各监测系统的采集结构和原理进行全面的了解，这些监测系统包括外电网综合质量监测、电源屏监测、轨道电路监测、道岔转辙机监测系统、列车信号机点灯回路电流监测、电缆绝缘和电源漏流监测、集中式移频轨道电路监测、半自动闭塞监测、站（场）间联系电压监测、开关量监测、熔丝断丝报警监测、道岔SJ第8组接点封连报警、环境状态监测、列控中心接口、ZPW-2000系列轨道电路接口、计算机联锁、TDCS/CTC接口、智能电源屏接口、UPS接口等，为信号集中监测采集系统设备安装、调试和养护维修的具体实施，技术文件的识读和进一步提高打下基础。

任务一 ●●● 信号微机监测系统设备认知

学习目标 ▶▶▶

① 掌握信号微机监测系统结构及各组成部分功能；
② 掌握车站监测系统结构及组成部分功能。

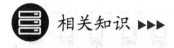 相关知识 ▶▶▶

一、信号微机监测系统整体结构认知

(一) 系统简介

信号微机监测系统是铁路装备现代化的重要组成部分，采用先进的数字信号处理技术、现场总线（CAN）技术、传感技术和计算机网络通信技术、数据库及软件工程技术，实时对信号设备进行监督、测试、存储、打印、查询、再现，为电务部门掌握设备运用质量和故障分析提供科学依据。同时，系统具有数据逻辑判断功能，当信号设备的工作情况偏离预定界限或出现异常时及时报警，避免因设备故障或违章操作影响列车的安全、正点运行。

信号微机监测系统由铁道部、铁路局、电务段、车站监测设备构成"三级四层"监测系统网络体系，监测本单位管辖内各车站信号设备运行状态。监测对象的类型大体上分为模拟量和开关量。模拟量包括：电源屏电压、轨道电路电压、道岔动作电流、电缆绝缘电阻和电源对地漏泄电流等。开关量包括：关键继电器状态、控制台按钮与表示灯状态、熔丝状态、灯丝状态和道岔表示缺口状态等。

(二) 系统功能

① 铁路信号微机监测系统（以下简称监测系统）是保证行车安全、加强信号设备结合部管理、监测信号设备状态、发现信号设备隐患、分析信号设备故障原因、辅助故障处理、指导现场维修、反映设备运用质量、提高电务部门维护水平和维护效率的重要行车设备。监测系统应统一规划，统一实施。

② 监测系统的监测范围包括联锁、闭塞、列控、驼峰、TDCS/CTC 和电源屏等信号设备，信号机械室装备的环境监测应纳入微机监测系统。

③ 对于 TDCS/CTC、列控中心、计算机联锁等系统，微机监测通过接口方式获取监测系统所需信息。对于已经具有监测数据的智能电源屏、ZPW2000 等设备，监测系统通过统一的接口方式获取监测信息。

④ 监测系统应采用成熟可靠的技术手段，实现信号设备运用过程的动态实时监测、数据记录、统计分析。

⑤ 监测系统应能监测信号设备的主要电气特性和转辙设备机械特性，当偏离预定界限或不能正常工作时应及时预警或报警。

⑥ 监测系统应能及时记录监测对象的异常状况，具有一定的故障诊断能力。

⑦ 监测系统应能监督、记录信号设备与电力、车务、工务等结合部的有关状态。

⑧ 监测系统应具备良好的隔离措施，不得影响被监测设备的正常工作。

(三) 系统结构

TJWX-2006 型微机监测系统总体结构如图 1-1-1 所示，部分采用基于 TCP/IP 协议的广域网模式，由原铁道部电务监测中心、铁路局电务监测中心、电务段监测中心、车站监测系统以及广域网数据传输系统组成。

1. 原铁道部电务监测中心

原铁道部电务监测中心配置通信管理机、原铁道部监测终端。

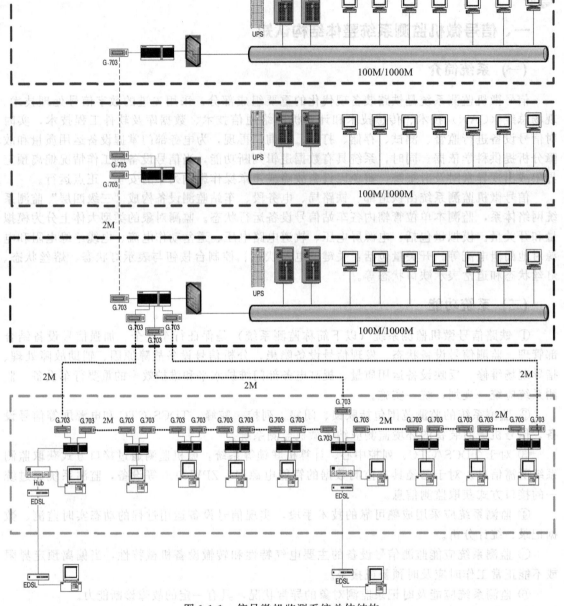

图 1-1-1　信号微机监测系统总体结构

通信管理机的作用是与铁道部各监测终端以及各铁路局应用服务器建立通信连接并进行数据交换。

原铁道部监测终端可以调看全路的联网车站，实时查看车站信号设备的工作状态，回放站场存储信息和报表信息，显示车站的报警信息。

2. 铁路局电务监测中心

铁路局电务监测中心配置应用服务器、监测终端和维护工作站。

应用服务器采用双机冗余备份技术，作为整个铁路局微机监测系统的监控中心。应用服务器以星型方式与各个电务段连接，管理全局内所辖所有的电务段及其车站节点。负责与所辖电务段应用服务器、铁路局监测终端以及铁道部通信管理机等节点建立通信连接，进行网络通信和数据交互，并实现数据流调度和信息路由等功能。

铁路局监测终端可以调看全局的联网车站，实时查看车站信号设备的工作状态，回放站场存储信息和报表信息，显示车站的报警信息。

维护工作站配备监测终端的所有功能，并具备网络拓扑图状态管理，实时显示网络节点、通道和车站采集设备的工作状态，通过声音、拓扑图颜色变化来反映当前网络的告警信息。维护工作站还可以实现对网络流量和网络传输出错率的在线分析。

3. 电务段监测中心

电务段监测中心是网络系统的中枢部分，是电务段管内各站的微机监测数据和网络通信的管理中心。整个监测系统以电务段监测中心为集中管理、监控的中心。它包括采用双机冗余备份技术应用服务器、监测终端和维护工作站。

应用服务器采用双机冗余备份技术，作为整个电务段微机监测系统的监控中心。应用服务器以环型方式与各个车站连接，每隔8～15个车站形成一个环，环内具体车站数量可以根据通信传输系统节点情况确定。应用服务器管理全段内所有车站节点。负责与铁路局电务监测中心应用服务器、电务段监测终端等节点建立通信连接，进行网络通信和数据交互，并实现数据流调度和信息路由等功能。站机数据经广域网数据传输系统到达应用服务器，服务器对数据进行分类、存储和处理，根据终端要求分发给各联网终端。

车间终端、段终端用于人机操作，管理和查看权限范围内车站的站场及有关数据，并作报表的汇总显示，数据报表和数据图形可由打印机打印输出。同时，各级终端能显示相应的通信网络结构拓扑图及通信状态，具备一定的网络管理功能。

4. 车站监测系统

车站监测系统是信号微机监测网络系统的基础部分，负责数据的采集、分类、处理和存储，实现车站信号设备、区间信号设备的实时监测、故障分析、诊断和人机对话、显示与查看。它包括站机、采集机、机柜、隔离转换单元等。

5. 网络传输系统

TJWX-2006型信号微机监测系统通过广域网数据传输系统把车站系统、电务段系统及上层网络连接起来。广域网数据传输系统完成IP数据包在各计算机间的传输。现将常用的网络设备介绍如下。

（1）集线器（Hub）　集线器是局域网广为使用的组网设备，是一个中心控制点，将需要联网的若干台计算机通过网卡、电缆线与集线器相连，再经集线器与服务器相连，组成局域网。还可以通过级连方式延伸局域网的作用范围。

（2）路由器（Router）　路由器是用来连接两个以上的同类网络的通信设备，它具有在复杂的网络中自动选择路径并对信息进行存储、转发的功能。

（3）网关（Gate）　网关是用来连接不同局域网或局域网与广域网的，实现不同网络之间的协议转换，并具有路由器选择路径的功能。

（4）局域网　局域网采用专用线路连接，覆盖范围在1km以内，通信速度在数兆以上。

（5）广域网（WAN）　广域网通常指覆盖距离通常在几十千米到几千千米的计算机网络。广域网是局域网的简单结合，或通过某些通信设备进行连接，采用的传输技术有模拟技术、数字技术和分组交换技术。线路通常采用公共交换线路（如电话网、DDN、X.25、IS-DN等）。

（6）TCP/IP协议　TCP/IP协议本质上是一种约定，规定了计算机在网上互通信息的规则，又称传输控制协议TCP、网间协议IP，是目前应用最广泛、最开放的计算机网络互连协议。

二、车站监测系统设备认知

车站监测系统包括站机、采集机、机柜、隔离转换单元等设备，是由站机与采集分机构成的网络结构，是一个集散系统。两级计算机之间通过现场CAN总线构成网络，进行数据交换。一台站机可以连接多台采集机，实现不同类型的设备监测。这种网络系统结构宜按不同站场规模配置各种类型的采集机数量，可集中也可分散安装，车站系统网络结构如图1-1-2所示。

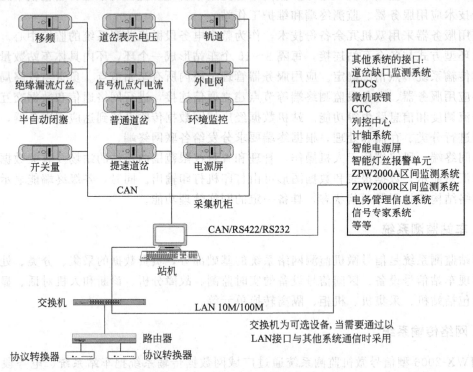

图1-1-2　车站系统网络结构图

(一) 站机认知

站机作为一个车站的集中管理机器，集中处理各种采集机采集的实时信息，并进行显示和存储，同时又为操作人员提供人机界面，实现车站作业状态及设备运用状态的实时显示及各种数据的查询功能。另外站机可将本站监测信息传送到电务段服务器，为实现远程监测和管理提供基础。站机结构图如图1-1-3所示。包含显示器、工控机及网络设备如交换机、路由器、协议转换器等。

站机功能如下。

1. 显示及存储

接收采集机原始数据，或使用接口从其他系统（如微机联锁、智能电源屏、智能灯丝监测系统）等接收信息。完成实时监测、故障分析诊断、人机对话，处理数据（分类形成图表）、存储数据、查看数据、网络传输数据等。

① 站场运用状态图的实时显示与回放，站场图可以放大、缩小和全屏显示，可以通过鼠标进行任意拖动。

② 查看开关量的实时和历史状态。可以通过表格、图形的方式查看，也可以根据用户定制的内容进行显示；多个开关量状态信息可以在同一表格、图形中显示，方便用户对数据的比较、分析。

③ 所有采集的实时模拟量数据都可以通过实时测试表格、历史数据表格、日报表、实时曲线、日曲线、月曲线、年趋势线进行全方位的表现。可以根据用户定制的内容进行显示；多种模拟量类型的多个模拟量信息可以在同一表格、图形中显示，方便用户对数据的比较、分析。

④ 显示转辙机动作电流曲线，分析转辙机动作参数。

⑤ 控制台按钮操作记录，包括列调车、破封按钮、故障通知按钮，并提供历史记录查询。

⑥ 关键设备动作次数及时间表，包括转辙机动作次数；破封按钮运用次数；区段占用次数；列车、调车按钮运用次数；故障通知按钮运用次数、列车、调车信号开放次数等，提供统计记录查询。

图 1-1-3　站机结构图

⑦ 电缆绝缘和电源对地漏泄电流需要人工命令进行测试，提供用户测试入口。电缆绝缘测试用多种方式供用户选择：全测、单测、自定义多路组合测，方便用户使用。可以查看测试报表记录和变化曲线。

⑧ 环境监控信息采用图形化的方式进行直观的显示。提供历史查询、回放功能。

⑨ 提供轨道电路分路残压测试报表记录、查询。

开关量和模拟量滚动数据存储。可以根据硬盘的剩余空间大小，自动调整数据存储时间。存储时间最小不低于 10 天。

2. 报警及事件管理

报警级别分为一、二、三级实时报警和预警，报警内容及报警形式如下。

（1）一级报警　涉及行车安全的信息报警为一级报警，报警方式为声光报警，人工确认后停止报警，并通过网络上传到各级终端。

报警内容为：挤岔报警，列车信号非正常关闭报警，火灾报警，故障通知按钮报警。

（2）二级报警　影响行车或影响设备正常工作的信息报警为二级报警，报警方式为声光报警，报警后延时适当时间自动停报，并通过网络上传到各级终端。

报警内容为：外电网输入电源断相/断电报警，外电网三相电源错序报警，外电网输入电源瞬间断电报警，列车信号主灯丝断丝报警，熔丝断丝报警，转辙机表示缺口报警，区间自闭设备故障报警，区间信号机故障报警，发送通道、接收通道及补偿电容故障报警，微机监测通信故障报警，环境监测中明火、烟雾、玻璃破碎、门禁报警，TDCS/CTC 系统中的车站分机故障、车务终端故障以及通道故障等报警，列控中心系统中的控制主机故障、与计算机联锁通信故障、与CTC/TDCS系统通信故障、与LEU通信故障等报警，计算机联锁系统设备故障报警。

（3）三级报警　电气特性超限或其他报警属于三级报警，报警方式为红色显示报警，电气特性恢复正常后自动停报，可通过网络上传到车间/工区终端。

报警内容为：各种模拟量的电气特性超限报警，与TDCS/CTC、计算机联锁、列控中心、智能电源屏等系统通信接口故障报警。

（4）预警　根据电气特性变化趋势，设备状态及运行趋势等进行逻辑判断并预警，预警方式为预警显示为蓝色，预警可通过网络上传到车间/工区终端。

预警内容为：模拟量变化趋势预警，道岔运用次数超限预警，补偿电容断线预警。

3. 系统管理

① 对用户登录、修改配置、标调等权限进行管理。
② 系统具有自检功能。
③ 实时显示CAN状态图、采集板状态图、各种接口通信状态图等。方便用户对系统进行维护。
④ 在不涉及数据配置修改的情况下，可以自动监测最新版本的程序，自动进行软件升级。
⑤ 自动进行时钟校核，保证系统时间的一致性。

4. 数据处理及控制

① 配置文件、历史数据可以方便地进行导入/导出。
② 空调可以进行自动控制和人工控制。
③ 回放文件可以方便地导出到可移动存储设备，并提供回放工具，方便用户回放、分析、处理。可以对存储的再现文件进行管理。
④ 曲线和各类报表都可以进行打印。曲线可以导出为bmp、Ipg等标准格式的图形文件。报表可以导出为Excel等通用的文件，方便用户资料的采集及调阅。
⑤ 通过对用户、密码等权限的管理，具有一定权限的用户可以对电气特性参数和报警上下限进行调整。
⑥ 向上层网络（服务器、终端）传送各种实时数据，包括开关量、模拟量、报警、预警及各种状态和系统信息。接收并执行上层的命令，根据需要向上层网络传送响应数据。

5. 辅助功能

① 可以对天窗修作业进行登记、查询。对天窗修作业期间发生的报警进行提示、记录，但不进行声光报警及网络上送。
② 可以实时显示相邻车站的站场信息。
③ 电务维修智能分析及辅助决策。

信号微机监测系统记录了信号设备运用中的大量数据，可以进一步加强对信号设备的故障分析、故障定位功能，充分发挥计算机强大的数据运算分析能力，以提高判断故障原因的准确性、故障处理方法的有效性、对现场故障处理的指导性，有利于调度指挥。

利用实时采集的控制台状态数据、开关量和模拟量测试数据进行分析，可以分析判断出信号设备的故障情况，并给出其可能的故障原因提示，提高信号工处理故障的速度，压缩故障延时。

6. 与其他系统的接口

站机可以按照标准的协议从计算机联锁、TDCS、列控、智能电源屏、智能灯丝等系统获取信息。还可以按照标准的协议向其他系统提供信息。

(二) 采集机认知

采集机为单片机，采集各种信号设备模拟量质量数据和开关量状态数据，并对采集数据进行预处理和暂存储，再传送给站机；接受并执行站机命令；具有自检功能，板级故障有提示；与站机校核时钟。

1. 系统设计

TJWX-2000 型监测设计：每种采集机均由 1 块电源板、1 块 CPU 板和 8 块接口板组成。接口板上有传感器和控制电路，完成各种信号设备模拟量和开关量的数据采集，并传送给 CPU 板。CPU 板上有 CPU 处理器、程序存储器、数据存储器和通信 CAN 卡，完成采集数据的预处理、暂存储和上传送。

TJWX-2006 型监测设计：采用 DSP 技术，改变了 TJWX-2000 型微机监测采集机的形式。将 CPU 板和采集板整合到一起，每块板既是 CPU 板也是采集板；对采集板功能进行了整合，将完成某一种或几种功能的采集电路整合到一块采集板，每块采集板都可以独立完成一类功能；每个采集板拥有自己的 CAN 通信接口，作为 CAN 网络的一个网络节点。

TJWX-2006 型监测的采集机设计方式，打破了原来 TJWX-2000 型微机监测中一个组匣做为一个采集机的配置模式，使得采集机的配置更为灵活。

TJWX-2006 型监测网络站机与采集机之间和 TJWX-2000 型监测一样，采用 CAN 网络进行通信。但由于 TJWX-2006 型监测每块采集板是一个 CAN 节点，这样通信节点的数量比 2000 型监测要增加几倍。TJWX-2000 型微机监测使用的 CAN 1.0 的通信协议只能支持 31 个采集机，因此 TJWX-2006 型监测 CAN 网络的协议使用 CAN2.0 标准，可容纳一台主机、32 类从机，每类从机最多有 256 个，最多允许 8000 多个节点。

TJWX-2006 型监测新协议站机与采集机间通信以自主帧为主，采集机采集到的数据定时或变化时自主上报。新协议支持更多的站机对采集机的管理命令，便于站机对采集机的维护。考虑到与以前系统的兼容性和 TJWX-2000 型的微机监测系统的升级改造，新通信协议中保留对 CAN1.0 协议的支持，TJWX-2000 型微机监测的采集机可以直接与 TJWX-2006 型监测的站机正常通信。

站机与采集机的通信除使用 CAN 网络以外，还支持 RS232、RS422、RS485 等常用的通用串行总线，便于与其他智能监测设备的通信。也可以采用采集机进行协议转换，将各种接口类型转换为 CAN 通信帧来完成通信。

站机能够提供足够的接口与其他系统连接，这些接口通常以 RS232、RS422、RS485 进行连接。

2. 采集机的配置

为适应现场的需要，机柜采用两种标准，一种是采用 19in（1in＝2.54cm）欧标机柜方式，另一种是采用铁标机柜方式，如图 1-1-4 所示，机柜内以 4U 为单位安装采集机组匣、

C0 组合、继电器组合和综合固定组合等，分为 C0 层、C1 层、C2 层、C3 层、C4 层、E 层、A 层、B 层、C 层、D 层及 E 层，在 TJWX-2006 型的监测中由于新增功能较多，会增加采集机的数量，另外还会增加信号衰耗层。由于机柜内部的空间限制，当增加层较多时，可以考虑将绝缘测试组合 E 层~D 层移出采集机机柜，放置在组合架或另外增加机柜安置。

根据新技术条件的要求，通过将采集机功能的组合和优化，TJWX-2006 型微机监测系统将采集机分为：外电网采集机、电源屏采集机、开关量采集机、半自动闭塞采集机、信号机点灯电流采集机、普通道岔采集机、提速道岔采集机、道岔表示电压采集机、轨道采集机、移频采集机、绝缘漏流灯丝采集机、环境监控采集机等 12 个大类的采集机，结构如图 1-1-4 所示。

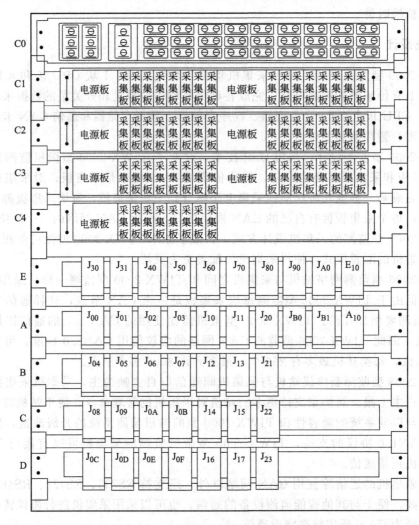

图 1-1-4 车站系统采集机结构图

放置采集机的组匣采用 4U 高的铁标组匣，每个组匣占采集机柜的一层，组匣内包括两个采集机单元，如图 1-1-5 所示，每个采集机单元包括一个采集机电源、8 块采集板及总线板。采集板和采集机电源为标准 4U 插板，安装于采集机组匣中。采集机电源和采集板通过端子与组匣背面的总线板相连，采集板之间只有电源线和 CAN 总线的连接。

根据采集项目及采集数量的不同，每个采集机单元所需要的采集板不一定是 8 块，在硬

图 1-1-5　采集机组匣结构

件配置中并不是每一个采集机单元都需要配置电源和总线板,几个容量较小的采集机单元可以共用电源和总线板。为了防止误插错采集板的位置造成故障,所有的采集板均具备防误插的功能。

每块采集板由面板、拉手、连接件、电路板以及连接端子组成。面板上留有指示灯孔,用于安装固定单板上的指示灯,面板上下各有一个固定螺丝,用于将采集板固定到插箱内。拉手安装于面板上,便于采集板从组匣内拔出。连接件用于面板和单板的连接。采集板面板的指示灯位,进行了规范,所有采集机均按照统一规范进行布置,可以使采集机的面板互换。

三、电务段监测中心设备认知

电务段监测中心配置应用服务器、监测终端和维护工作站,其中应用服务器为双机冗余,维护工作站为单台,监测终端数量可以根据需要配置。

(一) 应用服务器认知

电务段应用服务器是整个监测系统的中心,采用双机冗余备份技术,增强系统的可靠性。

1. 基本功能

负责与所辖车站站机、监测终端以及铁路局服务器等节点建立通信连接,进行网络通信和数据交互,并实现数据流调度和信息路由等功能。

2. 系统管理

① 系统在线自检,记录系统运行日志。
② 系统软件的自动升级。
③ 提供微机监测系统软件的自动升级配置、管理。

3. 通信管理

① 负责监测终端与站机之间有关命令和响应数据的转发。
② 网络通信时数据的压缩/解压缩以及数据的分等级传输。
③ 实时显示系统网络的通信状态,实现广域网络管理。

4. 数据处理及控制

① 服务器双机冗余备份。

② 向所辖车站站机或终端机发送控制命令。
③ 根据统一的 GPS 时钟对所辖车站及终端进行时钟校核。
④ 将站机和终端的关键数据存储到历史数据库。
⑤ 车站报警信息的存储、分类汇总和统计分析。
⑥ 向各监测终端提供历史信息查询。历史信息包括：开关量、模拟量历史报表及曲线、报警及其统计汇总报表、电务维护报表、系统日志和状态报表等。

(二) 维护工作站

维护工作站做为网络管理终端，主要功能有网络管理和车站设备管理。

1. 网络管理

① 在网络拓扑图上动态、实时地监视网络节点的工作状态，网络节点包括：计算机、路由器、交换机等。在拓扑图上动态、实时地监视网络通道状态。
② 在网络拓扑图上动态反映网络节点单元的告警，通过声音、拓扑图颜色变化来反映当前网络的告警信息。在网络拓扑图上可动态反映网络节点设备的配置情况。
③ 用户可以使用专用的网络拓扑图绘制工具定制、修改网络拓扑图。
④ 可以在线分析网络流量。
⑤ 可以在线分析网络传输的出错率。

2. 车站设备管理

① 可以实时显示车站 UPS、采集分机及板卡以及其他接口单元的状态。
② 支持对系统中主要设备的软硬件配置管理，包括机器名、设备类型（主机、工作站、路由器、交换机、网络打印机等）、IP 地址、硬件配置描述、操作系统类型及版本、软件模块配置及版本情况等信息。

(三) 监测终端

电务段监测终端主要包括调度终端、试验室终端、车间终端、工区终端，功能如下。

1. 数据显示

① 站场运行状态图的实时显示与回放，站场图可以放大、缩小和全屏显示，可以通过鼠标进行任意拖动。
② 开关量的实时状态显示以及历史记录查询。可以查看开关量的实时和历史状态。
③ 所有采集的实时模拟量数据都可以通过实时测试表格、历史数据表格、日报表、实时曲线、日曲线、月曲线、年趋势线进行全方位的表现。
④ 显示转辙机动作电流曲线，分析转辙机动作参数。
⑤ 提供控制台按钮操作记录（列调车、破封按钮、故障通知按钮）历史查询。
⑥ 关键设备动作次数及时间表，包括转辙机动作次数、破封按钮运用次数、区段占用次数、列车、调车按钮运用次数、故障通知按钮运用次数、列车、调车信号开放次数等，提供记录查询。
⑦ 调看电缆绝缘和电源对地漏泄电流的测试表格和变化曲线。
⑧ 环境监控信息采用图形化的方式进行直观的显示。提供历史查询、回放功能。

⑨ 提供轨道电路分路残压报表查询。

2. 报警及事件管理

提供车站机报警实时显示、进行声光报警，提供报警历史信息的查询。

3. 系统管理

提供系统运行日志、车站机运行日志查询。

4. 数据处理及控制

① 提供多种登陆方式。
② 对服务器下辖所有车站的报警、报表的分类汇总、显示。
③ 曲线和各类报表可进行打印。曲线可以导出为 bmp、jpg 等标准格式的图形文件，报表可以导出为 excel 等通用的文件，方便用户资料的采集及调阅。
④ 回放文件可以方便地导出到可移动存储设备，并提供回放工具，方便用户回放、分析、处理，可以对已存储的再现文件进行管理。
⑤ 授权终端根据需要向所辖站机发送控制命令：如校核站机时钟命令、向所辖站机发送远程控制命令等。

任务二 ●●● 信号微机监测数据采集处理系统认知

学习目标 ▶▶▶

① 能了解监测系统信息采集处理的相关知识；
② 能看懂监测系统采集的电路原理图，且学会分析采集的技术和方法；
③ 能找到电路原理图中各现场设备，并测量相关参数，分析和处理采集系统中的故障。

相关知识 ▶▶▶

一、监测物理量

1. 模拟量

在时间上和数值上都是连续的物理量称为模拟量。表示模拟量的信号称为模拟信号，工作在模拟信号下的电子电路称为模拟电路。

例如：热电偶在工作时输出的电压信号就属于模拟信号，因为在任何情况下被测温度都不可能发生突跳，所以测得的电压信号无论在时间上还是在数量上都是连续的。而且，这个电压信号在连续变化过程中的任何一个取值都是具体的物理意义，即表示一个相应的温度。

2. 数字量

在时间上和数量上都是离散的物理量称为数字量。表示数字量的信号称为数字信号。工作在数字信号下的电子电路称为数字电路。

例如：用电子电路记录从自动生产线上输出的零件数目时，每送出一个零件便给电子电路一个信号，使之记1，而平时没有零件送出时加给电子电路的信号是0。可见，零件数目这个信号无论在时间上还是在数量上都是不连续的，因此它是一个数字信号。最小的数量单位就是1个。

3. 开关量

"开"和"关"是电器最基本、最典型的功能。开关量，指控制继电器的接通或者断开所对应的值，即"1"和"0"。

开关量是指非连续性信号的采集和输出，包括遥信采集和遥控输出。它有1和0两种状态，这是数字电路中的开关性质，同时是指电路的开和关或者说是触点的接通和断开。一般开关量装置通过内部继电器实现开关量的输出。

模拟信号开关量的简单方法是在输出端加装使用相应控制电压的继电器，反应模拟信号的"有"和"无"，实现开关量转化。

开关量为通断信号，无源信号，电阻测试法电阻为0或无穷大；也可以是有源信号，称为阶跃信号，就是0或1，可以理解成脉冲量，多个开关量可以组成数字量。

二、信号调理

常用的模拟信号处理电路包括信号转换电路、放大电路（运算放大器和仪表放大器）、滤波限幅电路、浮空技术、共模电压抑制和隔离电路等。

1. 电流-电压信号转换

信号转换电路有电流-电压（I/V）信号转换、电阻-电压（R/V）信号转换。图1-2-1为电流-电压信号转换电路，它可把标准4～20mA电流信号通过串接一个250Ω的电阻转换成1～5V的电压信号，图中的R_1、R_2、C_1是对输入信号的滤波。

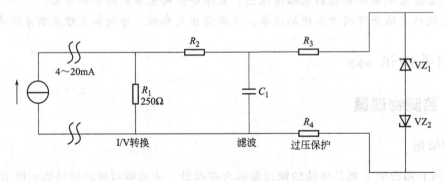

图 1-2-1 电流-电压信号转换电路

2. 电阻-电压信号转换

电阻-电压信号转换主要用于标准热电阻，即将热电阻受温度影响而引起的电阻变化转换为电压信号。

电阻-电压信号转换原理就是利用电流流过电阻来产生电压，常见的方法有两种：电桥法和恒电流法。

电桥法的特点是电路简单，能有效地抑制电源电压波动的影响，并且可用三线连接方法减弱长距离连接导线引入的误差。

恒电流法的特点是精度高，可使用四线连接方法减弱长距离连接导线引入的误差。

3. 信号的放大

大部分传感器产生的信号都比较微弱，需经过放大才能满足 A/D 转换器输入信号的幅度需求。要完成这类信号放大功能的放大器，必须是低噪声、低漂移、高增益、高输入阻抗和高共模抑制比的直流放大器，这类放大器常用的有测量放大器、可编程放大器和隔离放大器。

4. 模拟信号的隔离技术

由于输入通道存在干扰和噪声，造成来自生产现场的测量信号不准确、不稳定。特别是当存在强电干扰时，会直接影响系统的安全。为此，在输入通道中，常常采用信号隔离措施，放大器一般采用隔离放大器。

隔离放大器适用于：①消除由于信号源接地网络的干扰所引起的测量误差；②测量处于高共模电压下的低电压信号；③不需要对偏置电流提供返回通路；④保护应用系统电路不致因大的共模电压造成损坏。隔离放大器可分为光电隔离和变压器隔离放大器。

三、光电隔离

在实际的信号集中监测电路中，不可避免地受到各种干扰，可能导致电路产生不同程度的电压变化，这种干扰称作共模干扰，其程度取决于现场产生干扰的环境条件和计算机的接地情况，若电路的抗干扰能力差则可导致整个监测系统精度的降低，从而带来不可预见的后果。

因此，有必要在电路中采取一些手段来抑制共模干扰的传播，从而提高监测系统的抗干扰能力，光电隔离技术是一种既简单又高效的解决办法。

光电隔离技术即先将电信号转化为光信号，再将光信号转化为电信号，在此过程中将干扰信号进行隔离。硬件上常用光电耦合器实现光→电→光的隔离，它能有效地破坏干扰源的进入，可靠地实现信号的隔离，并易构成各种功能状态。

四、监测精度

监测精度是监测值与真值的接近程度。包含精密度和准确度两方面。每一种物理量要用数值表示时，必须先要制定一种标准，并选定一种单位（unit）。标准及单位的制定，是为了沟通人与人之间对于物理现象的认识。这种标准的制定，通常是根据人们对所要测量的物理量的认识与了解，并且要考虑该标准是否容易复制，或测量的过程是否容易操作等实际问题。

监测精度常使用三种方式来表征：①最大误差占真实值的百分比，如测量误差3%；②最大误差，如测量精度±0.02mm；③误差正态分布，如误差0%～10%占比例65%，误差10%～20%占比例20%，误差20%～30%占10%，误差30%以上占5%。

比较以上三种表征方式，可以看出：

① 最大误差百分比方式简单直观，由于基于真实值，不具体，在不知道真实值的情况下，无法判断误差的具体大小；

② 最大误差方式简单直观，反映了误差的具体值，但是有片面性；

③ 误差正态分布方式科学、全面、系统，但是表述较为复杂，所以反而不如前两种应用广泛。

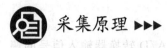

采集原理 ▶▶▶

一、电压数据采集处理原理认知

电压数据采集监测项目包括外电网输入相电压、线电压，电源屏输入和输出电压，道岔表示交、直流电压，交流转辙机动作电压，轨道电压，移频发送电压，移频接收电压，半自动闭塞线路电压监测，防灾系统与列控系统分界口处接口直流电压，民用空调电压等。

信号微机监测系统采集器或采集板输入端与输出端之间应采用电压互感器、线性光耦与DC/DC变压器隔离等器件或措施，确保内部器件故障不反向传递到输入端。隔离电压标准须达到DC2500V。

在信号微机监测系统中检测到的常是模拟量，与此对应的电信号是模拟电信号。模拟量要输入到处理器中进行处理，首先要经过模拟量到数字量的转换，处理器才能接收、处理。实现模/数转换的部件称A/D转换器或ADC。

（一）电压互感器（PT）技术

1. 电压互感器工作原理

电压互感器实际上就是一种特殊的变压器，基本原理是电磁感应原理，单相双绕组变压器的基本工作原理如图1-2-2所示。

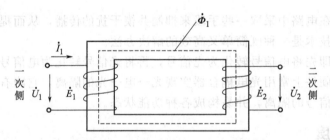

图1-2-2 单相双绕组变压器的基本工作原理

当一次侧绕组上加上电压 $\dot{U}_1$ 时，流过电流 $\dot{I}_1$，在铁芯中就产生交变磁通 Φ_1，这些磁通称为主磁通，在它的作用下，两侧绕组分别感应电势 $\dot{E}_1$、$\dot{E}_2$，感应电势公式为：$E = 4.44 f N \Phi_m$，式中，E 为感应电势有效值，f 为频率，N 为匝数，Φ_m 为主磁通最大值。

由于二次绕组与一次绕组匝数不同，感应电势 $\dot{E}_1$ 和 $\dot{E}_2$ 大小也不同，当略去内阻抗压降后，电压 $\dot{U}_1$ 和 $\dot{U}_2$ 大小也就不同。电压互感器就是通过磁势平衡作用实现了能量的传递。

电压互感器的特点是：①容量很小，类似一台小容量变压器；②二次侧负荷比较恒定，通过设计，使二次的负载接近开路（如加大负载电阻），可使PT工作在理想状态。

2. 电压互感器的优点和缺点

① 用电压互感器方式测量轨道电压等交流电压，其实现电路简单，稳定性和可靠性高

（受温度等外界影响小）。电压互感器测量能保证年变化率（稳定性）不超过0.5%。

② 与被监测设备之间隔离性好，安全性高。其过载性也好，可长期过载2~3倍，短时过载可达10倍以上，就是超出极限范围，也只是烧断线圈，不会扩大故障，更不会影响被测设备。

③ 传感器的测量转换（AC/DC）电路和器件也对电压的测量准确度和稳定度有较大的影响。简单的转换电路（如单运放单电源）和非低漂移的器件（如运放的零漂）受环境影响大，将降低传感器的测量稳定性。如果用电压互感器加上高精度的转换电路和低漂移的器件，同时传感器的输出至站机采用电流型输出或总线方式输出，避免在传输过程中的干扰，以上措施将大大提高传感器整体测量稳定性，使传感器测量能保证年变化率（整体稳定性）不超过1%。使得微机监测系统模拟量的稳定性及精度大大提高，从而达到可靠、可信、可用的水平。

(二) 直流电压传感器

直流电压传感器的隔离措施比交流电压传感器要复杂，包括电源隔离和信号隔离两种。电源隔离采用DC/DC变换技术，将输入直流电源变换成另外一路直流电源，供传感器输入级和光电隔离原边使用，DC/DC变换隔离采用的是电磁感应原理。信号隔离应用的是光电隔离方法。两种隔离措施的应用保证了被测对象与测试回路之间没有直接的电气连接。

直流电压传感器工作原理如图1-2-3所示，电压/频率转换器将输入直流电压转换成一串脉冲，脉冲频率与输入电压成线性关系。脉冲经光电隔离后以相同频率的脉冲输入频率/电压转换器，频率/电压转换器将脉冲还原成电压输出，经过滤波放大后输出到采集机采样。

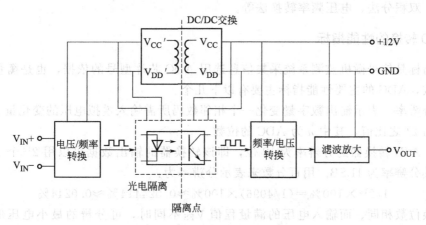

图1-2-3 直流传感器工作原理

(三) 单向性隔离采集技术

单向性隔离采集技术的根本目标是提高采集的安全性。对于灯丝电流毫安级电流采集以及ZPW-2000A区间移频毫伏级轨出2电压等特殊信号的采集，确保信号作用的方向从被测设备端至测试设备端，并且确保不可逆，即采集设备短路、断路、混入干扰信号都不会影响被测设备的正常工作。

如图1-2-4所示，对于不能采用电磁隔离的信号，可以采用光电隔离技术，在单向性隔离采集技术电路设计中，有两个技术难点。

图 1-2-4 单向性隔离采集技术结构图

对于被采样设备来说,单向性隔离采集技术电路呈现高阻性,可近似认为开路,同时还要对信号进行采样。如何将看似矛盾的问题解决好,就必须采用新的器件以及相对精确的电路设计。经过努力,单向性隔离采集技术电路可以做到输入阻抗高(输入等效阻抗达到兆级或更高)、噪声小、功耗低、没有二次击穿现象、安全工作区域宽等特点。

单向性隔离采集技术电路如何保证后级转换、整流电路的信号不会反向影响前级回路(被采样回路)是另一个难点。

经过不断的实验,单向性隔离采集技术电路可以很好地解决这个问题。另外,光电隔离回路采用了补偿技术,保证光电隔离回路两端信号的线性在 0.05% 以下,既保证了信号的有效隔离,又保证了测量的准确度。

(四) A/D 转换

1. A/D 转换器概述

A/D 转换器是用来通过一定的电路将模拟量转变为数字量。模拟量可以是电压、电流等电信号,也可以是压力、温度、湿度、位移、声音等非电信号。但在 A/D 转换前,输入到 A/D 转换器的输入信号必须经各种传感器把各种物理量转换成电压信号。A/D 转换后,输出的数字信号可以有 8 位、10 位、12 位、14 位和 16 位等。A/D 转换的方法主要有:逐次逼近法、双积分法、电压频率转换法等。

2. A/D 转换的性能指标

性能指标是信号微机监测系统采集信息选用 ADC 芯片型号的依据,也是衡量芯片质量的重要参数,ADC 的主要性能指标主要有以下几个。

(1) 分辨率 表示输出数字量变化一个相邻数码所需输入模拟电压的变化量。定义为满刻度电压与 2^n 之比值,其中 n 为 ADC 的位数。

例如,A/D 转换器的分辨率为 12 位,即该转换器的输出数据可以用 2^{12} 个二进制数进行量化,其分辨率为 1LSB。用百分数来表示分辨率为:

$$1/2^{12} \times 100\% = (1/4096) \times 100\% \approx 0.024414\% \approx 0.0244\%$$

当转换位数相同、而输入电压的满量程值 V_{FS} 不同时,可分辨的最小电压值不同。例如,分辨率为 12 位,$V_{FS}=5V$ 时,可分辨的最小电压是 1.22mV;而 $V_{FS}=10V$ 时,可分辨的最小电压是 2.44mV,当输入电压的变化低于此值时,转换器不能分辨。例如,4.999~5V 所转换的数字量均为 4095。

(2) 量化误差 在不计其他误差的情况下,一个分辨率有限的 ADC 的阶梯状转移特性曲线与具有无限分辨率的 ADC 转移特性曲线之间的最大偏差,称为量化误差。

(3) 偏移误差 输入信号为零时,输出信号不为零的值。

(4) 满刻度误差 是指满刻度输出数码所对应的实际输入电压与理想输入电压之差。

(5) 线性度 有时又称为非线性度,是指转换器实际的转移函数与理想直线的最大偏移。

(6) **绝对精度** 在一个变换器中，任何数码所对应的实际模拟电压与其理想的电压值之差并非是一个常数，把这个差的最大值定义为绝对精度。

(7) **相对精度** 把绝对精度中的最大偏差表示为满刻度模拟电压的百分数。

(8) **转换速率** 能够重复进行数据转换的速度，即每秒转换的次数。完成一次 A/D 转换所需的时间，是转换速率的倒数。

3. A/D 转换的基本原理

由于模拟量时间和数值上是连续的，而数字量在时间和数值上都是离散的，所以转换时要在时间上对模拟信号离散化（采样），还要在数值上离散化（量化），一般步骤为：采样、保持、量化和编码。

二、电流数据采集处理原理认知

电流数据采集监测项目包括驼峰 JWXC-2.3 轨道继电器工作电流，直流转辙机动作电流、故障电流、动作时间（包括驼峰 ZD7），交流转辙机动作电流和动作时间，列车信号机点灯回路电流，半自动闭塞线路电流监测。

电流数据采集方案均电流穿芯采集方式。采集设备与被监测设备没有任何电气连接，被监测电流信号通过穿芯方式进入采集模块，模块采用电磁隔离方式，采集设备发生短路或断路故障均不会对被监测设备产生不良的影响。

(一) 电流互感器

1. 分类

(1) **按用途分类** 按照用途不同，电流互感器大致可分为以下两类。

① 测量用电流互感器（或电流互感器的测量绕组）：在正常工作电流范围内，向测量、计量等装置提供电网的电流信息。

② 保护用电流互感器（或电流互感器的保护绕组）：在电网故障状态下，向继电保护等装置提供电网故障电流信息。

(2) **按绝缘介质分类** 按照绝缘介质不同，电流互感器大致可分为以下几种。

① 干式电流互感器：由普通绝缘材料经浸漆处理作为绝缘。

② 浇注式电流互感器：用环氧树脂或其他树脂混合材料浇注成型的电流互感器。

③ 油浸式电流互感器：由绝缘纸和绝缘油作为绝缘，一般为户外型。

④ 气体绝缘电流互感器：主绝缘由气体构成。

(3) **按安装方式分类** 按安装方式不同，电流互感器大致可分为以下几种。

① 贯穿式电流互感器。用来穿过屏板或墙壁的电流互感器。

② 支柱式电流互感器。安装在平面或支柱上，兼做一次电路导体支柱用的电流互感器。

③ 套管式电流互感器。没有一次导体和一次绝缘，直接套装在绝缘的套管上的一种电流互感器。

④ 母线式电流互感器。没有一次导体但有一次绝缘，直接套装在母线上使用的一种电流互感器。

(4) **按原理分类** 按照原理不同，电流互感器大致可分为以下几种。

① 电磁式电流互感器，根据电磁感应原理实现电流变换的电流互感器。

② 电子式电流互感器。

2. 工作原理

(1) 普通电流互感器　结构原理较为简单，由相互绝缘的一次绕组、二次绕组、铁芯以及构架、壳体、接线端子等组成。其工作原理与变压器基本相同，一次绕组的匝数（N_1）较少，直接串联于电源线路中，一次负荷电流$\dot{I}_1$通过一次绕组时，产生的交变磁通感应产生按比例减小的二次电流$\dot{I}_2$；二次绕组的匝数（N_2）较多，与仪表、继电器或变送器等串联形成闭合回路，如图 1-2-5 所示。

由于一次绕组与二次绕组有相等的安培匝数，$I_1 N_1 = I_2 N_2$，电流互感器额定电流比：$\dfrac{I_1}{I_2} = \dfrac{N_2}{N_1}$。电流互感器实际运行中负荷阻抗很小，二次绕组接近于短路状态，相当于一个短路运行的变压器。

(2) 穿芯式电流互感器　其本身结构不设一次绕组，载流（负荷电流）导线由L_1至L_2穿过由硅钢片擀卷制成的圆形（或其他形状）铁芯起一次绕组作用。二次绕组直接均匀地缠绕在圆形铁芯上，与仪表、继电器等变送器等串联形成闭合回路，如图 1-2-6 所示。

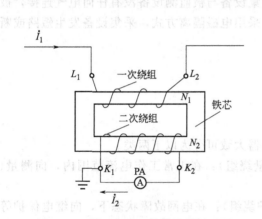

图 1-2-5　普通电流互感器结构原理图

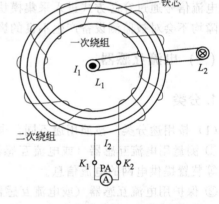

图 1-2-6　穿芯式电流互感器结构原理图

由于穿芯式电流互感器不设一次绕组，其变比根据一次绕组穿过互感器铁芯中的匝数确定，穿芯匝数越多，变比越小；反之，穿芯匝数越少，变比越大，额定电流比：$\dfrac{I_1}{n}$。式中，I_1为穿芯一匝时一次额定电流；n为穿芯匝数。

(3) 特殊型号电流互感器

① 多抽头电流互感器。这种型号的电流互感器，一次绕组不变，在绕制二次绕组时，增加几个抽头，以获得多个不同变比。它具有一个铁芯和一个匝数固定的一次绕组，其二次绕组用绝缘铜线绕在套装于铁芯上的绝缘筒上，将不同变比的二次绕组抽头引出，接在接线端子座上，每个抽头设置各自的接线端子，这样就形成了多个变比，如图 1-2-7 所示。

此种电流互感器的优点是可以根据负荷电流变比，调换二次接线端子的接线来改变变比，而不需要更换电流互感器，给使用提供了方便。

② 不同变比电流互感器。这种型号的电流互感器具有同一个铁芯和一次绕组，而二次绕组则分为两个匝数不同、各自独立的绕组，以满足同一负荷电流情况下不同变比、不同准

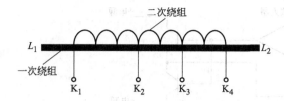

图 1-2-7 多抽头电流互感器原理图

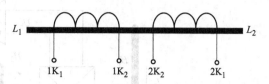

图 1-2-8 不同变比电流互感器原理图

确度等级的需要，如图 1-2-8 所示。

③ 一次绕组可调，二次多绕组电流互感器。这种电流互感器的特点是变比量程多，而且可以变更，多见于高压电流互感器。其一次绕组分为两段，分别穿过互感器的铁芯，二次绕组分为两个带抽头的、不同准确度等级的独立绕组。一次绕组与装置在互感器外侧的连接片连接，通过变更连接片的位置，使一次绕组形成串联或并联接线，从而改变一次绕组的匝数，以获得不同的变比。带抽头的二次绕组自身分为两个不同变比和不同准确度等级的绕组，随着一次绕组连接片位置的变更，一次绕组匝数相应改变，其变比也随之改变，这样就形成了多量程的变比，如图 1-2-9 所示，图中虚线为电流互感器一次绕组外侧的连接片。

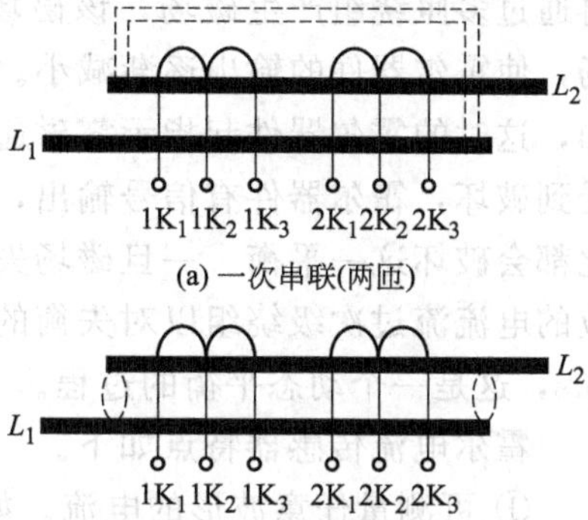

带抽头的二次独立绕组的不同变比和不同准确度等级，可以分别应用于电能计量、指示仪表、变送器、继电保护等，以满足各自不同的使用要求。

④ 组合式电流电压互感器。组合式互感器由电流互感器和电压互感器组合而成，多安装于高压计量箱、柜，用作计量电能或用作用电设备继电保护装置的电源。

组合式电流电压互感器是将两台或三台电流互感器的一次、二次绕组及铁芯和电压互感器的一、二次绕组及铁芯，固定在钢体构架上，浸入装有变压器油的箱体内，其一、二次绕组出线均引出，接在箱体外的高、低压瓷瓶上，形成绝缘、封闭的整体。一次侧与供电线路连接，二次侧与计量装置或继电保护装置连接。

图 1-2-9 一次绕组可调，二次多绕组电流互感器

(4) 霍尔电流传感器 直流电流采集使用的电流传感器是根据霍尔原理制成的，是一种先进的、能隔离主回路和测试电路的检测元件，克服了传统的检测元件互感器（一般只适用于交流测量）和分流器（无法进行隔离测量）的不足，既可以检测交流也可以检测直流，甚至可以检测瞬态峰值，因而是替代互感器和分流器的新一代产品。霍尔传感器一般有如下两种工作方式。

① 直测式：当电流通过一根长导线时，在导线周围将产生一磁场，这一磁场的大小与流过导线的电流成正比，它可以通过磁芯聚集感应到霍尔器件上并使其有一信号，这一信号经功率放大器放大后直接输出。

② 磁平衡式：磁平衡式电流传感器也称补偿式传感器，即主回路被测电流 I_p 在聚磁环处所产生的磁场通过一个次级线圈电流所产生的磁场进行补偿，从而使霍尔器件处于检测零磁通的工作状态。工作过程如图 1-2-10 所示。

当主回路有一电流通过时，在导线上产生的磁场被聚磁环聚集并感应到霍尔元件上，所产生的信号输出用于驱动相应的功率管并使其导通，从而获得一个补偿电流 I_s。这一电流

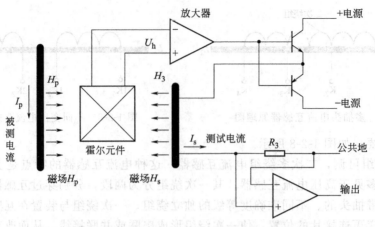

图 1-2-10 霍尔器件工作原理——磁平衡式

再通过多匝绕组产生磁场，该磁场与被测电流产生的磁场正好相反，因而补偿了原来的磁场，使霍尔器件的输出逐渐减小。当 I_p 所产生的磁场与 I_s 所产生的磁场相等时，I_s 不再增加，这时的霍尔器件起指示零磁通的作用，此时可以通过 I_s 来测试 I_p。当 I_p 变化时，平衡受到破坏，霍尔器件有信号输出，即重复上述过程，最后重新达到平衡。被测电流的任何变化都会破坏这一平衡。一旦磁场失去平衡，霍尔器件就有信号输出。经放大后，立即就有相应的电流流过次级绕组以对失衡的磁场进行补偿。从磁场失衡到再次平衡，所需的时间不到 $1\mu s$，这是一个动态平衡的过程。

霍尔电流传感器特点如下。

① 可测量任意波形的电流。如直流、交流和脉冲波形等，也可以对瞬态峰值进行测量，副边电路可以真实地反映原边电流的波形。

② 精度高。一般的霍尔电流传感器模块在工作区域内的精度优于 1%，该精度适合于任何波形的测量。

③ 线性度优于 0.1%。

④ 动态性能好。一般霍尔传感器的动态响应时间小于 $1\mu s$，跟踪速度 di/dt 高于 $50A/\mu s$。

⑤ 频带宽。可在 0～100kHz 频率范围内很好地工作。

⑥ 可靠性高，平均无故障时间大于 50000h。

3. 使用注意事项

① 电流互感器的接线应遵守串联原则：即一次绕阻应与被测电路串联，而二次绕阻则与所有仪表负载电流互感器串联。

② 按被测电流大小，选择合适的变比，否则误差将增大。同时，二次侧一端必须接地，以防绝缘一旦损坏时，一次侧高压窜入二次低压侧，造成人身和设备事故。

③ 运行中二次绕组不允许开路，否则会导致严重后果：原边电流均成为励磁电流，使磁通和副边电压大大超过正常值，二次侧出现高电压，危及人身和仪表安全；过热，可能烧坏绕组；会增大计量误差。

二次侧一旦开路应马上撤掉电路负载，然后，再停电处理，一切处理好后方可再用。

4. 常见故障

电流互感器的常见故障往往与制造缺陷有关，具体如下。

① 电流互感器的绝缘很厚，有的绝缘包绕松散，绝缘层间有皱折，加之真空处理不良，浸渍不完全而造成含气空腔，从而易引起局部放电故障。

② 电容屏尺寸与排列不符合设计要求，甚至少放电容屏，电容极板不光滑平整，甚至错位或断裂，使其均压特性破坏。因此，当局部固体绝缘沿面的电场强度达到一定数值时，就会造成局部放电。

③ 由于绝缘材料不清洁或含湿高，可能在其表面产生沿面放电。这种情况多见于一次端子引线沿垫块表面放电。

④ 某些连接松动或金属件电位悬浮将导致火花放电，例如一次绕组支持螺母松动，造成一次绕组屏蔽铝箔电位悬浮，末屏引线接触或焊接不良甚至断线，均会引起此类故障。

⑤ 一次连接夹板、螺栓、螺母松动，末屏接地螺母松动，抽头紧固螺母松动等，均可能使接触电阻增大，从而导致局部过热故障。此外，现场维护管理不当也应引起重视。互感器进水受潮，虽然可能与制造厂的密封结构和密封材料有关，但是，也有维护管理的问题。一般来说，现场真空脱气不充分或者检修时不进行真空干燥，致使油中溶解气体易饱和或油纸绝缘中残存气泡和含湿较高。所有这些，都将给设备留下安全隐患。

（二）分流器采集技术

精密电流分流器内有五个非常稳定、精密的电阻（0.001Ω、0.01Ω、0.1Ω、1Ω及10Ω），它是被用来测量从 0.02A 到 220A 的交直流电流。以精密电流分流器为基础制成的传感器（具有单向隔离采集技术）基本上是与高精度数字万用表的交直流电流挡测量相同的功能，可提供的精确度小于 0.5%，温度系数小于 $10 \times 10^{-6}/℃$ 以及更宽广的范围（0.02～220A）的测量。

交直流电流测量的原理是依据欧姆定律 $I=V/R$，流经电阻上的电流为电阻上的电压除以电阻而得。如图 1-2-11 所示。

分流器实际是一电阻值较稳定的电阻材料（如康铜，锰铜），把它串接在主回路中，相当于串接一导体。目前运用的精密分流器一般固定压降为 75mV，根据采样回路电流的大小，选择不同阻值的精密分流器（必须考虑 10 倍的过载量）。传感器测量的是分流器两端的电压，传感器的输入端加了单向性

图 1-2-11 分流器交直流电流测量原理图

隔离采集技术，保证传感器发生故障（开路或短路），对主回路无任何影响。分流器至传感器采样线采用屏蔽线，保证不会有任何干扰成分叠加至主回路。分流器应用非常广泛（特别是微小交直流电流的测量），国家也制订了行业标准 JB/T 9288—1999。

三、开关量信息采集处理原理认知

开关量状态监测是信号微机监测系统的基本功能之一，主要是实现对站场信息的监督，记录站场行车信息和值班员的操作信息，为其他监测项目提供采集条件。

开关量监测项目主要有：

① 站场运用状态包括按钮状态、控制台表示状态、关键继电器状态等；
② 提速道岔表示采集：对提速道岔各个转辙机定反位状态进行监测、显示、存储；
③ 监测列车信号主灯丝断丝状态并报警；
④ 6502 站道岔电路 SJ 第八组接点封连动态监测，记录并报警；
⑤ 组合架零层、组合侧面以及控制台的主副熔丝转换装置监测、记录并报警；
⑥ 环境监控开关量监测包括电源室、集中室、机械室等处的烟雾、明火、水浸、门禁、玻璃破碎等报警开关量信息的采集、记录并报警。

（一）开关量采集器

常用的开关量采集器有光电隔离器和接点状态采集器。

1. 光电隔离器

光电耦合器是把发光二极管和光敏三极管组装在一起并封装在一个管壳内组成的。发光二极管两端为信号输入端，光敏三极管集电极和发射极分别作为光电耦合器的输出端，它们之间的信号传输是靠发光二极管在信号电压的控制下发光，传给光敏三极管来完成的。

光电隔离器原理图如图 1-2-12 所示。

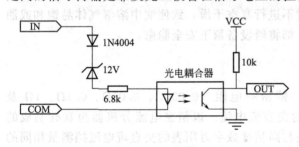

图 1-2-12 光电隔离原理图

当电信号送入光电耦合器的输入端时，发光二极管通过电流而发光，光敏元件受到光照后产生电流，电路导通。当输入端无信号，发光二极管不亮，光敏三极管截止，电路截止。对于数字量，当输入为低电平"0"时，光敏三极管截止，输出为高电平"1"；当输入为高电平"1"时，光敏三极管饱和导通，输出为低电平"0"。三极管型光电耦合器性能稳定，因此应用广泛。

光电耦合器之所以在传输信号的同时能有效地抑制尖脉冲和各种噪声干扰，使通道上的信号噪声比大为提高，主要有以下几方面的原因。

① 光电耦合器是完全密封在一个管内，或是被压膜塑料封装，所以不会受到外界光的干扰。
② 发光二极管的电阻非常小，而干扰源的内阻一般很大，能够传送到光电耦合器输入端的干扰信号就变得很小。
③ 光电耦合器的输入回路与输出回路之间没有电气联系，之间分布的电容极小而绝缘电阻又很大，因此回路一端的各种干扰噪声都很难传到另一端，避免了共阻抗耦合的干扰信号的产生。
④ 光电耦合器的响应速度极快，其响应延迟时间只有 $10\mu s$ 左右，适于对响应速度要求很高的场合。

2. 接点状态采集器

接点状态采集器依据电磁感应原理，通过线圈间的磁耦合实现开关量状态的传感，原理如图 1-2-13 所示。图中 J 是待检测的继电器，接点 1-2 被信号设备使用，接点 1-3 为未使用的空接点。由于接点 1 是公共的，因此 1-3 称为半组空接点。传感器的一组感应线圈 L_2 接在接点 1-3 间，另一组线圈接检测电路。检测电路检测线圈 L_1 的电感量及损耗，L_1 和 L_2 通过磁场耦合。当 1-3 断开时，L_2 上无电流。L_1 为自身的电感和损耗。当 1-3 闭合时，L_2 上产生感应电流。因此 L_1 的损耗增大。同时 L_1 的电感量减小。这样继电器的状态在电感线圈 L_1 上得到反映。通过检测 L_1 的电感量和损耗，就可得知继电器的状态。开关量采集器隔离性能好，和信号设备只有一点接触，不并接也不串接在设备中。因此不取设备的任何电流和电压。即不取设备能源，对设备无任何影响。

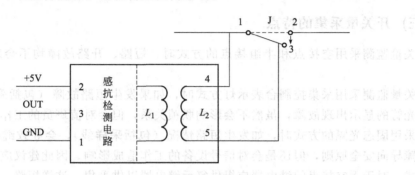

图 1-2-13　开关量采集器示意图

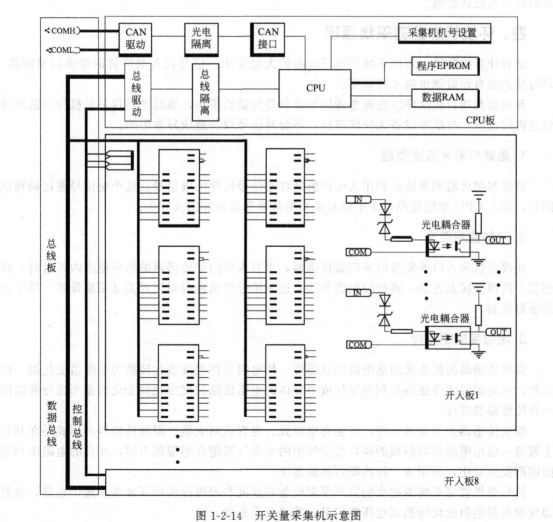

图 1-2-14　开关量采集机示意图

(二)开关量采集机

开关量采集机示意图如图 1-2-14 所示。

每一台开关量采集机占用一个组匣,可以配置 8 块开关量输入板。每块开关量输入板输入 48 路开关量信息,共可输入 384 路开关量信息。当某车站开关量信息大于 384 路时,应另增设一台开关量采集机。

(三)开关量采集的特点

开关量监测采用空接点和半组接点的方式时,短路、开路故障均不会对电路产生任何影响。

开关量监测采用采集控制台表示灯方式时,如果发生短路故障(包括采样线),会造成控制台光管的显示出现故障,虽然不会影响联锁关系,但会对值班员的工作造成干扰。开关量监测采用固态光隔的方式时,如发生短路情况(包括采样线),会导致继电器落下,虽然符合故障导向安全原则,但还是会对信号设备的工作造成影响。因此建议应避免采用固态光隔的方式,对于无空接点的继电器应提供复示继电器以供采集,这样短路、断路故障均不会对电路产生任何影响。

四、环境状态监测采集原理

随着计算机联锁、列控系统等电子设备的大量应用,信号设备对环境的要求越来越高,环境状态的自动监测也越来越重要。

此类监测项目包括环境监测各种模拟量和开关量的采集,该监测项目只对机房内的环境信息进行监测,与信号设备无任何连接,不会对信号设备造成异常影响。

1. 烟雾和明火监测原理

烟雾和明火监测系统是利用光电传感器将光信号转化为电信号,这个电信号通过调理电路后,送入 CPU 通过监测这个电信号来判断是否有烟雾和明火发生。

2. 门禁监测原理

在设备机房入口处安装红外门禁传感器,当有人在门禁传感器的感应范围内经过时,传感器上的报警接点连通,将报警电源经接点送回信号微机监测系统开关量采集设备。用于记录报警状态。

3. 温湿度监测原理

温度传感器的探头采用热电阻测量温度,热电阻是把温度变化转换为电阻值变化的一次元件,热电阻温度传感器是利用导体或半导体的电阻值随温度变化而变化的原理进行测温的一种传感器温度计。

湿度传感器采用湿敏元件,主要有电阻式、电容式两大类。湿度传感器的形式是在基片上覆盖一层用感湿材料制成的膜,当空气中的水蒸气吸附在感湿膜上时,元件的电阻率和电阻值都发生变化,利用这一特性即可测量湿度。

信号微机监测系统温湿度的监测原理就是在温度和湿度探头后部加装采集传感器,将温湿度探头的电阻变化转换成电压模拟量,并送至采集机。

习题 ▶▶▶

1-1 简述信号微机监测系统三级四层结构组成。
1-2 简述车站监测系统由哪些部分组成，并说明各部分作用。
1-3 信号微机监测系统采集方式为实际采集和接口采集，哪些信号设备需要实际采集，哪些信号设备需要接口采集？
1-4 简述电压信息采集处理流程。
1-5 简述电流信息采集处理流程。
1-6 简述开关量信息采集处理流程。
1-7 简述信号微机监测系统三级四层之间传递信息时使用哪些网络设备？
1-8 简述电流互感器功能。
1-9 简述电压互感器功能。
1-10 画出光电隔离器原理图并说明原理。
1-11 简述接点状态采集器原理及功能。

项目二
信号微机监测设备维护

项目导引 ▶▶▶

本项目主要学习信号微机监测设备实现的功能、监测对象、监测点、监测标准、监测处理流程,并对监测电路实物进行认知维护,针对典型故障进行分析处理。按照信号微机监测条件规定的需要监测的不同信号设备,将本项目分为不同的任务来学习,包括外电网综合质量监测、电源屏监测、轨道电路监测、转辙机监测、列车信号机点灯回路电流监测、电缆绝缘和电源漏流监测、集中式移频轨道电路监测、半自动闭塞监测、开关量监测、熔丝断丝报警监测、环境状态监测、列控中心接口、计算机联锁接口、TDCS/CTC 接口、智能电源屏接口等。

任务一 ●●● 电源屏监测设备维护

 学习目标 ▶▶▶

① 掌握电源屏监测实现功能、监测对象、监测点及监测处理流程;
② 掌握电源屏监测设备各组成部分功能及正常状态;
③ 会处理常见的监测设备故障。

 相关知识 ▶▶▶

一、实现功能

实现对电源屏输入/输出电压、电流的实时监测与记录,并且可通过计算得到相应的频率、功率、25 Hz 电源相位等内容。

二、监测对象与监测点

监测对象:电源屏输入电压、电流,电源屏输出电压、电流。
监测点:电源屏输入电压、电流的监测点均为电源屏输入端子,电源屏输出电压、电流的监测点均为电源屏输出端子或组合架零层电源端子。

三、监测处理流程

非智能电源屏未设监控单元电路,监测信息需采用实际采集方式。采集流程如图2-1-1所示。

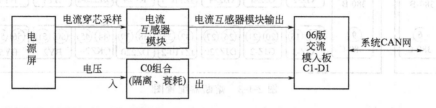

图2-1-1 电源屏监测流程图

电源屏采集机由C0组合、电流互感器模块、06版交流模入板8块、电源板1块及总线板组成,可以实现对48路电源屏输入、输出信号的电压、电流、功率、频率,25Hz电源输出电压相位角以及断序、错序、瞬间断电等开关量和瞬间断电曲线的采集。

1. 电压采集单元

电源屏电压监测采用C0组合+采集板的方式。

C0组合用于集中隔离、转换电源屏06型交流模入板采集的外部信号,确保信息采样的安全。C0组合安装在采集机柜的上层(亦可安装在组合架其他部分),以继电器形式构成插接件转换单元,即利用继电器外壳,内部装配采样隔离转换电路。隔离转换单元实物如图2-1-2所示(左图为交流电压隔离转换单元,右图为直流电压隔离转换单元),隔离转换单元装有指示灯指示电路工作情况,指示灯亮代表工作正常。

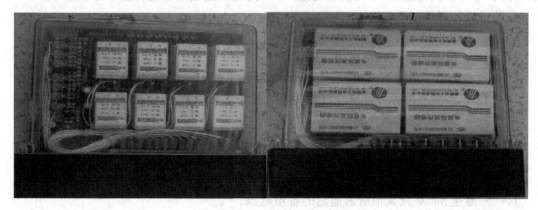

图2-1-2 电压隔离转换单元

目前C0组合正在使用的有两种型号:C0Ⅱ型和C0Ⅲ型。两种组合结构有所区别,但是组合前面安装的都是熔断器。电源屏监测电压都要先经过熔断器后再进入隔离转换单元,确保监测系统故障时不影响电源屏工作。熔断器配置图如图2-1-3所示。

(1) C0Ⅱ型

C0Ⅱ结构图(后视图)如图2-1-4所示。可装设7个电压隔离转换单元J1~J7,电源采集容量32路。端子板D0~D5。

采集电路流程为:各路输入、输出电源自电源屏引出,接至监测柜C0组合背面的D1、

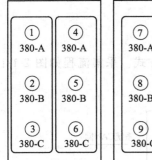
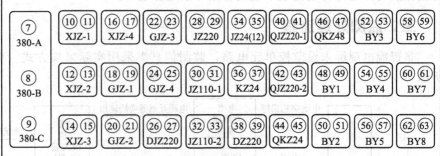

图 2-1-3　熔断器配置图

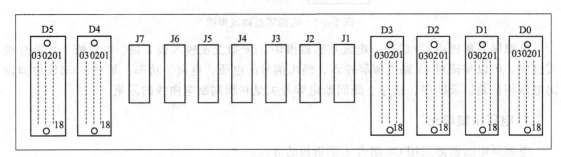

图 2-1-4　C0Ⅱ组合后视图

D2 端子板，串接过 0.3A 熔断器后，输出到 D4、D5 端子。之后则分为两路，一路输出到电压隔离转换单元，一路输出到电源漏流监测组合。在 C0 组合经 J1～J6 转换单元分别完成转换之后输出 0～5V 之内的直流电压，接至 C0 组合背面的 D3 端子板，D3 则跨接至电源模入板，完成 A/D 转换，经 CPU 处理后通过 CAN 网络上送至站机进行显示与存储等。

各端子板的用途如下。

D0：采集机柜内部专用电源配线端子。

D1、D2：所监测的各种电源接入配线端子。

D3：所监测各种电源经过电源转换单元后的输出端子，至 C1 组合 D1、D2。

D4、D5：所监测的各种电源经过熔断器后的输出配线端子，至漏流测试组合。

电源转换单元功能如下。

J1——外电网两路输入电源（交流 220V 或 380V）转换单元。

J2——输出 220V 电压转换单元（4 路 XJZ，4 路 GJZ）。

J3——(3 路 QJZ、JZ220、ACⅡ0、AC24、AC12) 电压转换单元。

J4——提速 380V 及其他所需监测的备用电源。

J5——QKZ48、QKZ24、DC220、DC4 电压转换单元。

J6——错序、断电、断相转换单元。

J7——备用。

(2) C0Ⅲ型

C0Ⅲ结构图（后视图）如图 2-1-5 所示，可装设 7 个电源转换单元 J1～J7，电源采集容量 48 路。端子板 D0～D6。

采集电路流程为：各路输入、输出电源自电源屏引出，接至监测柜 C0 组合背面的 D1、D2、D3 端子板，串接过 0.3A 熔断器后，输出到 D4、D5、D6 端子板。之后则分为两路，

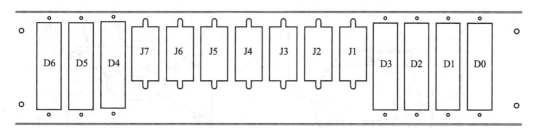

图 2-1-5 C0Ⅲ组合后视图

一路输出到电源转换单元,一路输出到电源漏流监测组合。在 C0 组合经 J1~J7 转换单元分别完成转换之后输出 0~5V 之内的直流电压,接至 C0 组合背面的 D0 端子板,D0 则跨接至采集板,完成 A/D 转换,经 CPU 处理后通过 CAN 总线上送至站机进行显示与存储等。

各端子的用途如下。

D0:所监测各种电源经过电源转换单元后的输出端子,至 C1 组合 D1、D2 端子。

D1、D2、D3:所监测的各种电源接入配线端子。

D4、D5、D6:所监测的各种电源经过保险后的输出配线端子,至漏流测试组合。

电源转换单元功能如下。

J1——Ⅰ、Ⅱ路输入(交流 220V 或 380V、JZ110-1)电压转换单元。

J2——1XJZ、2XJZ、1GJZ、2GJZ、DJZ、QJZ-1、QJZ-2 电压转换单元。

J3——备用。

J4——3XJZ、4XJZ、3GJZ、4GJZ、提速 380V、JZ110-2 电压转换单元。

J5——DZ220、KZ24、QKZ48、QKZ24 电压转换单元。

J6——(有 380V 电源时)掉电、相序、缺相测试转换单元。

J7——输入 220V 掉电测试转换单元。

2. 电流采集单元

电源屏电流的监测包括电源屏输入电流的监测和电源屏输出电流的监测。电源屏电流的监测采用电流互感器模块+采集板的方式。电流互感器模块分为两类:交流电流互感器模块和直流电流互感器模块。交流电流互感器模块是无源模块,直流电流互感器模块是有源模块,其输出都是电流信号。两类电流模块均为穿芯式电流采样模块。

电流互感器实物如图 2-1-6 所示。穿芯采样如图 2-1-7 所示。

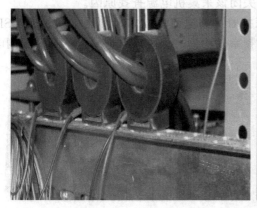 

图 2-1-6 电流互感器实物

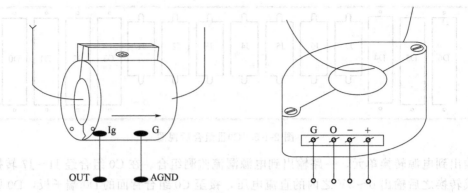

图 2-1-7　电流穿芯采样

3. C1 组合

电源屏监测使用的电源板、采集板及总线板位于采集机柜 C1 组合上。

(1) 电源板　将电源屏输出的 220V 微机监测电源转换为直流电压 +5V，+12V，-12V 等，为电源屏监测电路中的电流互感器、隔离转换单元、采集板供电。实物面板如图 2-1-8 所示。

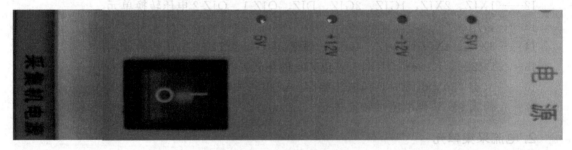

图 2-1-8　12V 电源板面板

电源板设置一个总开关，控制电源板工作。总开关闭合，电源板输出各种直流电源，面板上指示灯常亮，说明电源板正常工作。若电源板故障，相应指示灯灭掉。面板微热为正常。

如果面板突然变得非常热，则可能是该采集机电源故障或将要发生故障的先兆；也可能是该采集机输出电源正负短路造成的，应立即关闭该采集机电源查找原因。

(2) 采集板　采集板配线时采用一路电压接着一路电流的方式，利用采集板的 DSP 对信号进行处理，通过程序计算出电压、电流、频率、功率、相位等项监测值。如需要测电源

图 2-1-9　交流模入板实物

屏电压的相位角时,轨道电压和局部电压需配置在采集板的前24路,轨道的电源屏电压配置于采集板上的第1路,测相位角对应的局部110V配置于模入板上的第13路,该两路电压之间比较相位角,模入板上的第2路与第14路之间比较相位角,依此类推。

采集板实物如图2-1-9所示。面板上有指示灯。正常情况下,面板上的电源灯常亮,说明采集板工作电源正常,工作灯秒闪,主/备灯和故障灯灭灯,收灯、发灯闪烁。每块采集板可监测48路模拟量。

四、工程设计

这里仅给出C0Ⅲ型组合和C1-D1交流模入板的工程设计配线图。

	C1 组合—D1				
	B		A		
	电源名称	C0 组合或电流采样输出端子	电源名称	C0 组合或电流采样输出端子	
1	DJZ220 DY	C0-D3-02-1	Ⅰ380-A DY	C0-D3-01-1	1
2	DJZ220 DL	电流传感器红线	Ⅰ380-A DL	电流传感器红线	2
3	JZ220 DY	C0-D3-02-2	Ⅰ380-B DY	C0-D3-01-2	3
4	JZ220 DL	电流传感器红线	Ⅰ380-B DL	电流传感器红线	4
5	QXJZ220-1 DY	C0-D3-02-3	Ⅰ380-C DY	C0-D3-01-3	5
6	QXJZ220-1 DL	电流传感器红线	Ⅰ380-C DL	电流传感器红线	6
7	QXJZ220-2 DY	C0-D3-02-4	Ⅱ380-A DY	C0-D3-01-4	7
8	QXJZ220-2 DL	电流传感器红线	Ⅱ380-A DL	电流传感器红线	8
9			Ⅱ380-B DY	C0-D3-01-5	9
10			Ⅱ380-B DL	电流传感器红线	10
11	提速380-Ⅰ AB DY	C0-D3-02-8	Ⅱ380-C DY	C0-D3-01-6	11
12	提速380-Ⅰ AB DL	电流传感器红线	Ⅱ380-C DL	电流传感器红线	12
13	提速380-Ⅰ BC DY	C0-D3-02-9	DZ220 DY	C0-D3-01-7	13
14	提速380-Ⅰ BC DL	电流传感器红线	DZ220 DL	电流传感器红线	14
15	提速380-Ⅰ CA DY	C0-D3-02-10	KZ24 DY	C0-D3-01-8	15
16	提速380-Ⅰ CA DL	电流传感器红线	KZ24 DL	电流传感器红线	16
17			XJZ220(1) DY	C0-D3-01-9	17
18			XJZ220(1) DL	电流传感器红线	18
19	XQZ DY	C0-D3-02-14	XJZ220(2) DY	C0-D3-01-10	19
20	XQZ DL	电流传感器红线	XJZ220(2) DL	电流传感器红线	20
21			WLJZ220 DY	C0-D3-01-11	21
22			WLJZ220 DL	电流传感器红线	22
23			TDCSJZ220 DY	C0-D3-01-12	23
24			TDCSJF220 DL	电流传感器红线	24
25					25

五、故障处理

1. 电源板维护

5VI灯或5V灯不亮,则可能存在以下两种情况。

① 采集机电源故障:此时,使用该电源供电的所有采集板所监测的内容均显示未知,即不通信。

② 采集板电源指示灯故障(但电源其他功能工作正常):此时,使用该电源供电的所有采集板所监测的内容均正常,不影响正常使用。

如果采集机电源所有灯均灭灯，则检查采集机电源的供电电源是否正常。若正常，则采集机电源坏，需更换。若不正常，则根据配线图纸检查配线。

2. 采集板维护

收发灯灭灯：检查监测终端上有无电源屏信息，有信息则为指示灯故障，不影响监测；若无信息检查 CAN 总线是否断线。

电源灯灭灯时，首先查看该采集板所在组合相应的采集机电源是否正常。若采集机电源工作正常，并且采集板上其他灯均正常，则是该灯故障，不影响正常使用；如果其他灯灭灯或常亮，则为该采集板故障，需更换。

更换新板卡时请确认：采集机程序已经正确写入该板卡；板卡各短路块跳线与先前跳线一致，即跳为工作模式。

3. 监测终端显示电源屏电压不准确

先用万用表测量电源屏电压，判断是否电源屏电压确实异常。若测试结果说明电源屏电压正常，则可判定是监测电路故障。

（1）C0 转换单元电压指示灯（绿灯）亮着时：测量施工图 C0-D1（或 D2 或 D3）相应位置输入电压正常。检查 C0 组合相应输出线 C0—D0 至 C1—D1 电源屏采集板配线是否正常。可能故障如下。

① C0 组合内部断线。

② 电源屏采集板故障。电源屏采集板故障灯亮，用万用表测量电源屏采集板对应输入位置与 C1-D0-B9 测量电压，有交流电压（0～1.65V 的交流电压），电源屏采集板故障，更换电源屏交流模入板或重启电源屏交流模入板。

③ 转换单元故障。造成电源屏采集板某路输入电压超限，用万用表测量电源屏交流模入板电压值，找到相关转换单元，更换转换单元。

（2）C0 转换单元电压指示灯（绿灯）不亮时：用万用表测量 C0—D1（或 D2 或 D3）相应位置输入电压不正常。

① C0 内部电源屏采样线断线。

② 相应熔断器被烧断。

③ 转换单元故障，更换转换单元。

若无以上故障，可在监测终端设置窗口中修改显示精度。

4. 监测终端显示电源屏电流不准确

重点查看对应电流传感器模块接线，可能为采样线中断、GND 环线中断。

若无上述故障，可选择在监测终端设置窗口中修改显示精度。

任务二 ●●● 列车信号机点灯回路电流监测设备维护

 学习目标 ▶▶▶

① 掌握监测实现功能、监测对象、监测点及监测处理流程；

② 掌握监测设备组成各部分实物功能及正常状态；

③ 会处理常见的监测设备故障。

相关知识 ▶▶▶

一、实现功能

列车信号机点灯回路电流，亦即列车信号机的灯丝继电器（DJ、2DJ）工作交流电流。通过该项监测，可以判断信号点灯电路工作状况和灯丝继电器的工作状况。

二、监测对象及监测点

监测对象为列车信号机的灯丝继电器（DJ、2DJ）的工作交流电流。监测点为信号机点灯回路线。

三、监测处理流程

1. 处理流程

对于一架列车信号机点灯回路电流的监测采用采集模块＋采集板的方式。采集模块使用2个单相电流采集模块1X或者使用1个双孔的电流采集模块2X，每块采集板可以采集48个列车信号机灯丝继电器。

电流采集模块将感应到的电流以一定比例转换成0～5V的直流电压信号送入采集板，采集板对信号进行处理后通过CAN网络送入站机进行显示、存储。

站内信号机电流监测流程如图2-2-1所示。监测点为DJ和2DJ线圈回路。

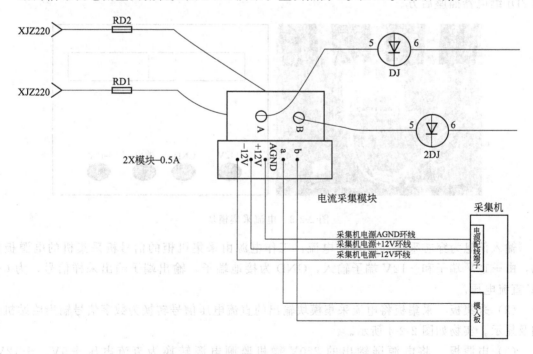

图2-2-1 站内信号机电流监测流程

区间信号机电流监测流程如图2-2-2所示。监测点为DJ和2DJ线圈回路。

信号微机监测

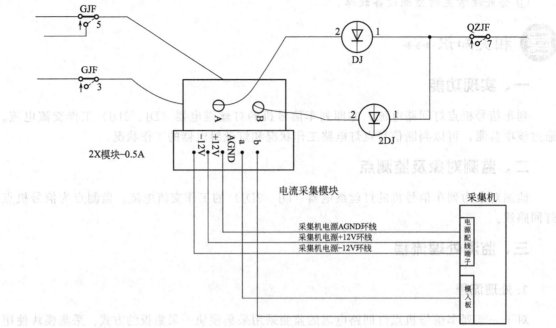

图 2-2-2 区间信号机电流监测流程

2. 设备认知

(1) 电流采集模块　电流采集模块实物及端子如图 2-2-3 所示。一般固定于组合架 DJ 和 2DJ 继电器插座后方。

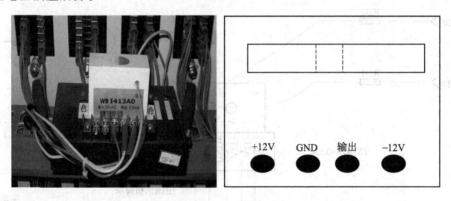

图 2-2-3 电流采集模块

输入信息为穿芯采样导线里的电流,工作电源由采集机柜的信号机采集机的电源板供电,由＋12V 端子和－12V 端子输入,GND 为接地端子,输出端子输出采样信号,为 0～5V 直流电压。

(2) 采集板　采集板将电流采集模块输出的直流电压信号转换为数字信号输出给站机存储及显示。实物如图 2-2-4 所示。

(3) 电源板　将电源屏输出的 220V 微机监测电源转换为直流电压＋5V、＋12V、－12V 等,为监测电路中的电流采集器及采集板供电。面板如图 2-1-9 所示,工作灯情况相同。

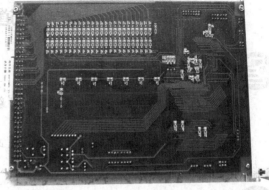

图 2-2-4 06 型模入板实物

四、工程设计

采集板工程设计施工图如下。

		C1 组合—D4				
	B			A		
	DJ 名称		电流互感器模块 OUT	DJ 名称		电流互感器模块 OUT
1	XII-10	DJ	43-8	S	DJ	41-7	1
2		2DJ	43-8		2DJ	41-7	2
3	3773	DJ	QZ1-3	SF	DJ	41-8	3
4		2DJ	QZ1-3		2DJ	41-8	4
5	3785	DJ	QZ1-2	XIIL	DJ	22-9	5
6		2DJ	QZ1-2		2DJ	22-9	6
7	3799	DJ	QZ1-1	SII IL	DJ	23-7	7
8		2DJ	QZ1-1		2DJ	23-7	8
9	3774	DJ	QZ2-4	SII IIL	DJ	22-10	9
10		2DJ	QZ2-4		2DJ	22-10	10
11	3786	DJ	QZ2-3	SII-4	DJ	23-8	11
12		2DJ	QZ2-3		2DJ	23-8	12
13	3798	DJ	QZ2-2	SII-6	DJ	23-9	13
14		2DJ	QZ2-2		2DJ	23-9	14
15	3810	DJ	QZ2-1	SII-8	DJ	23-10	15
16		2DJ	QZ2-1		2DJ	23-10	16
17				SII-10	DJ	24-10	17
18					2DJ	24-10	18
19				XII-1	DJ	41-10	19
20					2DJ	41-10	20
21				XII-11	DJ	42-7	21
22					2DJ	42-7	22
23				XII-4	DJ	42-8	23
24					2DJ	42-8	24
25				XII-6	DJ	42-9	25
26					2DJ	42-9	26

任务三 ••• 轨道电路监测设备维护

  学习目标 ▶▶▶

① 掌握轨道电路监测实现功能、监测对象、监测点及监测处理流程；
② 掌握轨道电路监测电压标准值；
③ 掌握监测设备组成各部分实物功能及正常状态；
④ 会处理常见的监测设备故障。

  相关知识 ▶▶▶

一、实现功能

通过实时监测轨道电路受电端轨道继电器电压值的变化，反映轨道电路调整状态和分路状态的工作情况；25Hz 相敏轨道电路需要通过采集板计算出频率及相位差。通过对轨道曲线的分析，帮助分析、查找故障。

二、监测对象及监测点

（一）480 轨道电路

监测对象：轨道电路受电端轨道继电器 JZXC-480 线圈电压。
监测点：轨道电路测试盘对应位置或分线盘相应位置或 GJ 的 7、8 端子，如图 2-3-1 所示。
监测标准：轨道电路调整状态时，交流电压值为 10.5~16V 之间；轨道电路分路状态时，分路残压不能超过 2.7V。

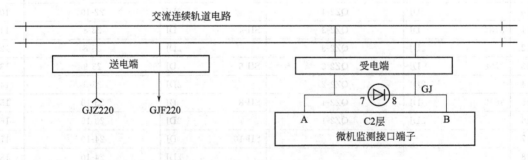

图 2-3-1 480 交流连续式轨道电路监测

（二）25Hz 轨道电路监测

监测对象：受电端交流二元二位继电器轨道线圈电压和局部线圈电压。
监测点：轨道电路测试盘对应位置。
监测标准：
① 局部电源：110V，50Hz。

② 轨道电源：轨道电路调整状态时，交流电压值为 18～25V；轨道电路分路状态时，分路残压不能超过 8V。

③ 局部电源相位超前轨道电源相位 90°。

(三) 高压不对称脉冲轨道电路

监测对象：接收端波头、波尾交流电压。

监测点：译码器相应端子。

三、监测处理流程

1. 480 交流连续式轨道电路

轨道电路采集板电路流程如图 2-3-2 所示。GJ 的 7、8 端子交流电压直接接至采集机柜轨道电路采集板上进行处理，一块采集板可以处理 15 路轨道电路信息。经过高阻降压、互感器隔离、线性量化后，再经多路转换开关选通送给 CPU，CPU 是采集机的核心，依据预先设定的软件程序对各路模拟量进行 A/D 转换，暂存转换数据，并通过 CAN 总线与站机通信，按站机命令向站机传送数据包。

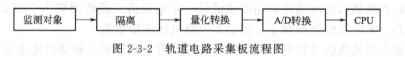

图 2-3-2 轨道电路采集板流程图

2. 25Hz 相敏轨道电路

监测流程如图 2-3-3 所示，轨道电压和局部电压进入 25Hz 轨道电路采集板，采集板对采样到的轨道电压信号进行数字滤波，通过程序滤除 50Hz 的交流干扰，然后计算轨道电压的有效值，与局部电源的相位进行比较，得到轨道电源与局部电源间的相位角。

25Hz 采集板可以实现对 15 路轨道电路的采集，可以监测 25Hz 相敏轨道电路轨道接收端交流电压、相位角。

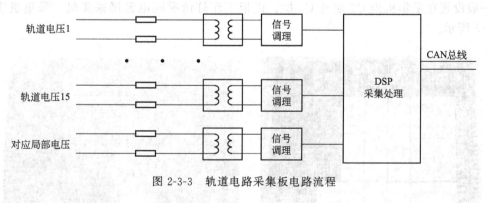

图 2-3-3 轨道电路采集板电路流程

3. 高压不对称脉冲轨道电路

高压不对称脉冲轨道电路的监测处理流程如图 2-3-4 所示。

每一个轨道电路对应波头和波尾两个电压。两个电压都是直流脉冲电压，并且负载能力都很弱，所以对采样传感器有特殊的要求。

信号微机监测

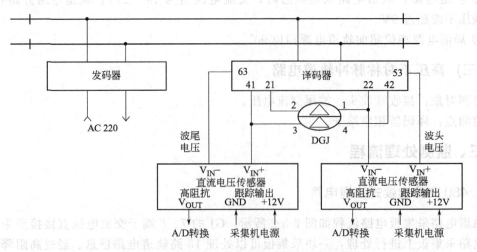

图 2-3-4 高压不对称轨道电路的测试原理图

传感器模块具有很高的输入阻抗，不会影响轨道继电器的正常工作；响应时间短，实现跟踪输出功能，可以还原电压波形。

不对称轨道采集机功能描述：循环测试每一路电压值，循检周期小于 10s；实时采集轨道继电器状态；响应主机单测命令，回送某一路电压波形数据。

开关量输入板采集轨道继电器状态。不对称轨道互感器板对被测的电压进行隔离、线性量化、并且经过模拟多路开关选通送到 CPU 进行 A/D 转换。

开关量输入板 1 块，每块可采集 48 个开关量。不对称轨道互感器板共 7 块，每块可采集 12 个电压。这样每个不对称轨道采集机最多可以采集 84 个电压，即 42 个轨道电路。当超过 42 个轨道区段时，须增加不对称轨道采集机。

四、设备维护

轨道电路采集机由采集板、电源板、总线板组成。

一般设置在采集机柜 C2 层或 C3 层。面板工作灯情况同电源屏采集机。采集机实物如图 2-3-5 所示。

图 2-3-5 轨道电路采集板

电源板、总线板工作情况同电源屏采集机。

1. 480轨道采集板工程设计图

	C2 组合—D1				
	B		A		
	轨道电压名称	轨道继电器采样端子	轨道电压名称	轨道继电器采样端子	
1	XJG	33-901-3	XJG	33-901-4	1
2	XWG	33-902-3	XWG	33-902-4	2
3	SJG	33-401-3	SJG	33-401-4	3
4	SWG	33-402-3	SWG	33-402-4	4
5	2-DG	33-302-3	2-4DG	33-302-4	5
6	2-G	33-301-3	2-4DG	33-301-4	6
7	2-G	33-303-3	2-4DG	33-30-4	7
8	1-DG	33-80-3	1-3DG	33-802-4	8
9	l-DG	33-801-3	1-3DG	33-801-4	9
10	1-DG	33-803-3	1-3DG	33-803-4	10
11	1G	33-701-3	1G	33-701-4	11
12	ⅡG	33-702-3	ⅡG	33-702-4	12
13	3G	33-703-3	3G	33-703-4	13
14					14
15					15
16					16

2. 25Hz相敏轨道采集板工程设计图

	C3 组合—D13				
	B		A		
	轨道区段名称	轨道继电器采样端子（测试盘）	轨道继电器采样端子（测试盘）		
1	Ⅱ5G	GC1-04-9	GC1-04-10		1
2	Ⅱ6G	GC1-04-13	GC1-04-14		2
3	202DG	GC1-04-17	GC1-04-18		3
4	204DG	GC1-05-3	GC1-05-4		4
5	206DG	GC1-05-7	GC1-05-8		5
6	208DG	GC1-05-11	GC1-05-12		6
7	210DG	GC1-05-15	GC1-05-16		7
8	210DG1	GC1-06-1	GC1-06-2		8
9	212-220DG	GC1-06-5	GC1-06-6		9
10	218DG	GC1-06-9	GC1-06-10		10
11	222DG	GC1-06-13	GC1-06-14		11
12	224DG	GC1-06-17	GC1-06-18		12
13	102DG	GC1-07-3	GC1-07-4		13
14	104DG	GC1-07-7	GC1-07-8		14
15	106-108DG	GC1-07-11	GC1-07-12		15
16	局部电源-1	C3-C12-B-16 C3-D14-B-16	C3-D12-A-16 C3-D14-A-16		16

五、故障处理

若监测终端上显示轨道电压测试值不准确，可能有以下原因。

① 微机测试值为 0，而实际测试值为 17V，原因可能为此区段采样线断。
② 轨道采集板故障，观察故障灯是否亮。
③ 采集机电源老化或故障，更换采集机电源。
④ 数据错误。

任务四 ●●● 转辙机监测设备维护

学习目标 ▶▶▶

① 掌握转辙机监测的模拟量信息及所有设备功能及正常状态；
② 掌握转辙机监测的开关量信息及监测标准；
③ 会画转辙机动作电流曲线；
④ 会处理常见的监测设备故障。

相关知识 ▶▶▶

一、实现功能

通过对转辙机动作电流及开关量的实时监测，能直接测量出电动转辙机的启动电流、工作电流、故障电流、动作时间及转换方向，并以此描绘出道岔动作电流曲线，实现道岔动作电流曲线原始数据的跟踪采集；提速道岔监测还需要采集板计算出功率，通过分析即可判断道岔转辙机的电气特性、时间特性和机械特性；完成道岔动作、实际位置与表示状态的校核；记录道岔转换时间及动作次数；判断道岔转辙机故障；防止违章作业。

二、监测对象和监测点

监测对象如下。
① 模拟量：道岔动作电流及电压。
② 开关量：道岔启动继电器 1DQJ、2DQJ 和道岔定/反位表示继电器 DBJ/FBJ 的状态；SJ 第八组接点的动态监测。

监测点：直流电动机的电流从分线盘或组合选取动作电流回线经过直流电流传感器穿芯采样取得信号；交流电动机的电压从断相保护器输入端取样，电流从断相保护器输出端取样；开关量由各继电器的空接点采集，若无空接点，只有半组空接点，需要使用开关量采集器采集，详见以下监测处理流程。

三、监测处理流程

（一）道岔模拟量监测

1. 直流道岔动作电流监测

转换道岔使用的是直流电动转辙机，扳动道岔时为直流电动机送直流电，动作电流为直流电流。直流电动转辙机动作电流监测流程图如图 2-4-1 所示。对道岔电流的测试是由道岔

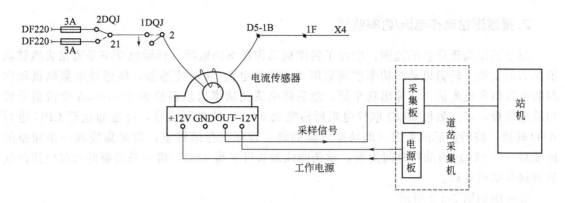

图 2-4-1 动作电流监测流程图

采集机完成的。道岔采集机由直流电流传感器、电源板、采集板及总线板组成。

将道岔动作电路回线穿入电流采样模块圆孔，隔离采集道岔动作电流，再将采样信号运算放大、精密整流、再运算放大，整理转换成 0～5V 的直流电压，送入道岔采集机的采集板，经选通送至 CPU 进行 A/D 转换，采集板再将转换后的数字信号（即电流曲线的数据）暂存在道岔采集机存储器里，当站机发出命令索要数据时将一条完整的道岔电流曲线数据送往站机处理。

直流电流传感器工作电源由采集机上的电源板提供。

可采用 WB 系列穿芯感应式电流传感器，可监测 10A 以内的直流电流。这种传感器采用了线性双补偿霍尔原理，隔离彻底、响应快、耐冲击，0～100mA 电流源通过取样电阻输出 0～5V 直流电压。运用中常有几组道岔同时动作，为区分每个转辙机的工作状态和动作电流，保证实时监测，采集系统要求在每组道岔的动作回路中均串入该传感器。传感器采用固态模块，取样信号整理放大电路集成在模块里。电流传感器实物图如图 2-4-2 所示。

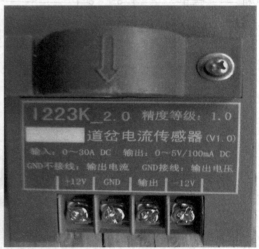

图 2-4-2 道岔电流取样模块实物图、俯视图

电流传感器模块共有四个接线端子，分别为＋12V 和－12V 工作电源端子、GND 接地端及输出端子。

电流传感器固定在组合架 1DQJ 后方。

2. 提速道岔动作电流/功率监测

对于三相交流道岔的监测，增加了转辙机动作功率的监测，转辙机功率是道岔尖轨移动推拉力的反映。转辙机动作功率监测采用了专用的电流/功率传感器，传感器采集电机动作时的电压值和电流值，计算出功率值，然后将电流及功率信息转换为 4～20mA 电流信号输出给采集板，经采集板 150Ω 取样电阻后转换成 0～3V 的电压信号，经选通送至 CPU 进行 A/D 转换。将转换后的数据（即功率电流曲线）暂存在存储器里，当采集完成一条完整的曲线后（以 1DQJ 的动作时间为准，单条曲线最长可采集 40s），将一条完整的道岔电流曲线数据送往站机处理。

流程图如图 2-4-3 所示。

I_u、I_v、I_w 三相动作线分别对应穿入采集模块 3 个输入孔，动作电压 U_u、U_v、U_w 分别从断相保护器 DBQ 的 U、V、W 三相电压的对应端子引出，进入电流/功率采样模块电压输入端子 1、3、5。采样模块对电压和电流信息进行隔离转换计算得出电流采样信息和功率采样信息，分别由采样模块 9、10、11 及 8 端子送与提速道岔采集板。

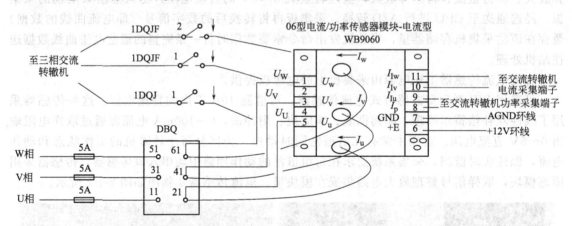

图 2-4-3　提速道岔电流/功率采样

电流/功率采样模块实物如图 2-4-4 所示。

图 2-4-4　电流/功率传感器

(二) 1DQJ 状态监测

道岔转换时才会有动作电流，要监测道岔电流就必须监测道岔转换的起止时间。道岔采集机是通过采集 1DQJ 或 1DQJF 的落下接点状态来监测道岔转换起止时间的。道岔转换过程为：1DQJ 吸起、2DQJ 转极，道岔开始转换，转换完毕，1DQJ 落下。

由于 1DQJ 的接点是开关量，并且 1DQJ 没有空闲接点，只能在半组空接点上（而且是半组落下空接点 41-43）采集开关量。利用半组空接点采集开关量，不可避免地会带有电气集中控制电源 KZ，其安全性设计十分重要。

1. 监测流程

（1）6502 电气集中车站 1DQJ 监测 采用光电模块（光电耦合器）进行监测。光电隔离模块的外侧，原则上不应出现微机监测设备供出的电源，即完全排除微机监测电源混入电气集中设备的可能性。

利用电气集中控制电源的电流必须是受限制的，以避免产生有害影响。

1DQJ 接点状态监测电路图如图 2-4-5 所示。1DQJ 励磁吸起时，41-43 断开，KZ 未经 $1DQJ_{41-43}$ 进入光电模块，光电模块输出 0V 给采集板。1DQJ 失磁落下时，41-43 端子闭合，KZ 经 $1DQJ_{41-43}$ 进入光电模块，光电模块输出高电压（0～5V 直流电压）给采集板。用输出电压的高低来反映接点的状态。采集板处理后将信息送给站机。

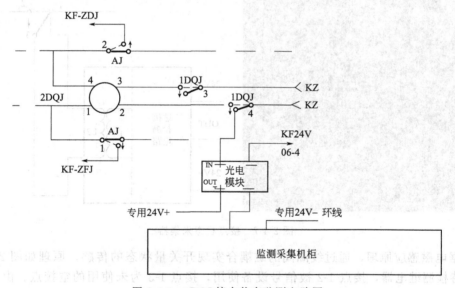

图 2-4-5 1DQJ 接点状态监测电路图

安全性分析：

采用二次隔离：以专用采集模块实现一次隔离，在采集机内部采集板上实现二次隔离。确保控制电源不出现在模块外侧。

采集模块就近安装在道岔组合 1DQJ 继电器后边，配线尽可能短，以减少混电的可能。模块的用电量很小，不会影响控制电源的工作。

（2）微机联锁车站监测 微机联锁设备没有 1DQJ，通常是采集 YCJ 允许操纵继电器的接点。因电路电源的特殊性，只能用接点状态采集器。

监测流程如图 2-4-6 所示。

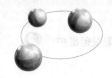

信号微机监测

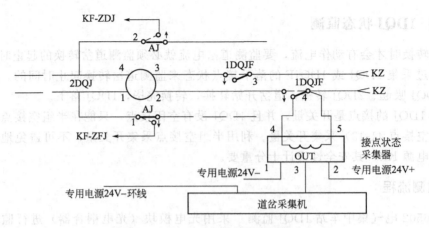

图 2-4-6　1DQJ 监测采样流程图

2. 设备认知

（1）接点状态采集器　接点状态采集器实物图及接线如图 2-4-7 所示。工作电源需要 24V，输出为 0~5V 直流电压。

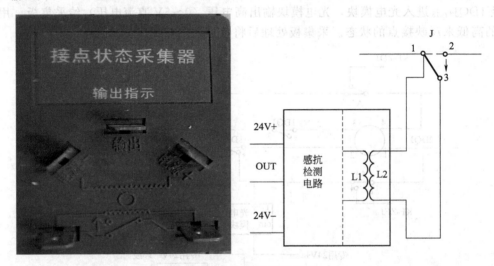

图 2-4-7　接点状态采集器

依据电磁感应原理，通过线圈间的磁耦合实现开关量状态的传感，原理如图 2-4-7。图中 J 是待检测继电器，接点 1-2 被信号设备使用，接点 1-3 为未使用的空接点。由于接点 1 是公共的，因此 1-3 称为半组空接点。传感器的一组感应线圈 L2 接在接点 1-3 间，另一组线圈接检测电路。检测电路检测线圈 L1 部分电路的振荡和停止振荡，L1 和 L2 通过磁场耦合。当 1-3 断开时，L1 线圈部分电路振荡电路起振，输出为 0~5V 内直流电压；当 1-3 闭合时，L1 线圈部分电路停止起振，输出为 0。这样继电器的状态通过 L1 振荡电路的振荡和停止振荡反映出来，分别输出高低电压。接点状态采集器隔离性能好，和信号设备只有一点接触，不并接也不串接在设备中，因此不取设备的任何电流和电压，对设备无影响。

（2）光电隔离器

实物图及接线原理图如图 2-4-8 所示。

图 2-4-8 光电隔离器实物图及接线原理图

(三) DBJ 和 FBJ 状态监测

道岔定位/反位表示是判断道岔位置的参考依据，微机监测通过监测道岔的定位/反位表示，记录道岔位置、描绘站场状态的。监测时均需使用相应继电器的空接点。

1. 6502 电气集中车站定位/反位表示监测

在 6502 电气集中车站中，信号设备是以控制台道岔定位或反位表示灯来表示室外道岔位置的。在道岔表示灯电路里，采集表示灯电路的继电器接通条件即可。由于是在表示灯电路里采集条件，并且是开关量，所以必须经过电阻衰耗隔离和光电隔离，采集电路流程如图 2-4-9 所示。

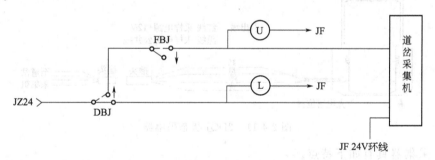

图 2-4-9　6502 电气集中车站定位/反位表示监测

2. 微机联锁车站定位/反位表示监测

在微机联锁车站中，尽管微机联锁所传送的有定反表示的开关量信息，但是为了能够准确及时表示道岔信号设备的实时信息，为道岔动作和道岔断表示等提供可靠的基本信息，所以在微机联锁站仍需要采集定反表示的状态。在道岔表示灯电路里，采集道岔表示继电器的接通条件即可，提速道岔的定位/反位表示采集与此相同。采集电路如图 2-4-10 所示。

(四) 2DQJ 状态监测

2DQJ 继电器是极性保持继电器，有两个极性位置，只有在操纵时才会变位。通过监测 2DQJ 继电器位置状态在定位位置（或在反位位置）来反映操作人员往定位扳动道岔（或往反位扳动道岔）的操作。

对继电器状态的采样，一般仍采继电器空余接点。但是 2DQJ 是极性保持继电器，无空

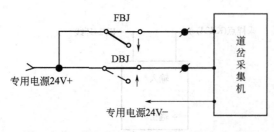

余接点,只有利用光电原理监测继电器的衔铁位置,这样既不影响继电电路的正常工作,又达到采集 2DQJ 继电器位置状态的目的。

2DQJ 位置状态采样使用采集器。它套在继电器外罩上,通过光电感应探测衔铁位置来判断继电器状态,采用双输出方式,流程图如图 2-4-11 所示。

图 2-4-10 微机联锁车站定位/反位表示监测

图 2-4-11 中左边两个光电器件都处于导通发光状态。当衔铁在定位位置时(即定位接点闭合),由于衔铁挡住了定位位置光的通路,使得绿线输出 1,黄线输出 0。反之,当衔铁在反位位置时(即反位接点闭合),使得绿线输出 0,黄线输出 1。

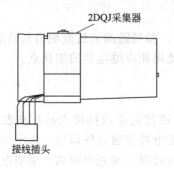

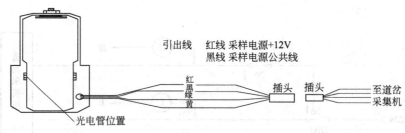

图 2-4-11 2DQJ 状态采集器

2DQJ 采集器具有如下特点。

① 采用高频调制技术。既解决了外界光线对信号采集的影响,同时对 2DQJ 继电器的透明程度没有特殊要求。

② 采用故障-安全技术,确保采集的准确性。采用双输出方式,分别代表 2DQJ 继电器的两个不同位置,保证了 2DQJ 继电器位置采集的正确性。

- 当采集器故障或采集器安装位置不正确时,输出"11"信号,即绿、黄线均有输出。
- 当道岔在定位时,输出"10"信号,即只有绿线有输出。
- 当道岔在反位时,输出"01"信号,即只有黄线有输出。
- 当采集器供电电源故障或没电时,输出"00"信号,即绿、黄线均没有输出。

③ 采用设计新颖、实用的外形结构。根据 2DQJ 继电器的特点,考虑到安装方便、调试简单的需要,它采用了特殊的固定方式,为准确采集 2DQJ 继电器的位置提供了保证。

④ 采用双指示灯显示,为安装、调试、维修提供正确显示,安装、调试时不需要任何调试仪器。

⑤ 采用 12～15V 直流供电电源,不会造成继电器使用电源 KZ(KF)24V 的混电问题。

⑥ 采用接插方式连接，为现场施工和更换 2DQJ 继电器带来方便。

（五）SJ 第 8 组接点封连的监测

在排列进路后，道岔是否确实锁闭，是一个有关行车安全的重大问题。在进路锁闭的情况下，进路上有关的锁闭继电器 SJ 已经落下，此时进路上各有关道岔已被锁闭，即道岔控制电路，由于 SJ 第 8 组前接点断开，1DQJ 的 3-4 线圈断电，在 SJ 吸起前，1DQJ 不可能再动作，从而确保道岔是在锁闭状态。但在某些特殊情况时（如人为违章或混电），在 SJ 接点 82 与 1DQJ 线圈 3 之间存在 KZ 电源时，说明该道岔实际上未被锁闭，如不及时查出就会危及行车安全。

为了避免上述情况产生，在微机监测系统中，对道岔控制电路中的 SJ 第 8 组接点进行动态监测，以确认道岔实际锁闭的情况，有以下两种采样方式。

1. SJ 第 7 组接点空闲时

当 SJ 第 7 组接点空闲时，监测流程如图 2-4-12 所示。

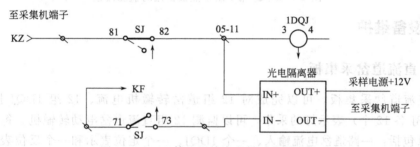

图 2-4-12　SJ 第 7 组接点空闲时监测流程

光电隔离器的输入侧，一根线接在 SJ 接点 82 与 1DQJ 线圈 3 端子之间，另一根线接 SJ 接点 73，并在 SJ 接点 71 处接一个电源 KF。而光电隔离器的输出端，一根线接至道岔采集机，作为信息输出线，一根线接＋12V 正电源（由同一个道岔采集机供出），每组道岔（双动道岔算一组）单独设一个光电隔离器。

平时，SJ 吸起，道岔处于解锁状态，IN＋有 KZ 电源，但 IN－无 KF 电源，光电隔离器的输入端是断开的，因此光电隔离器无输出，不影响道岔的正常动作。而当道岔处在被锁闭状态时，由于 SJ 的第 8 组前接点断开，IN＋无 KZ 电源，IN－有 KF 电源，光电隔离器的输入端仍然是断开的，输出端仍然没有输出，所以也不影响道岔的锁闭状态。

但在出现特殊情况时，与该道岔有关的 SJ 已经落下，但该道岔控制电路 IN＋有 KZ 电源（无论什么原因），而 IN－由于 SJ 落下有 KF 电源存在，此时对光电隔离器的输入端构成回路，因此光电隔离器输出端有信息输出送至道岔采集机。道岔采集机检测到这个信息后，判定道岔应被锁闭，但实际未锁闭，系统立即报警。

此方案用 SJ 第 7 组后接点，来证明该道岔是在锁闭或解锁的状态，用 SJ 第 8 组前接点检测道岔的实际锁闭状态。

根据锁闭继电器的定型分配，第 7 组接点是专门作为 6502 的联系电路用（如非进路调车、6‰ 下坡道的延续进路等）。如果该站无联系电路或有的联系电路不用 SJ 接点时，该组接点就是空接点，完全可以利用。

该方案的主要优点：一是每组道岔只增加一个采样点；二是每组道岔都是独立采样，光电隔离器也是独立的，每组道岔一个，排除了各个道岔相互干扰的可能性；三是就地采样；四是既不影响道岔的正常动作，又能正确检查道岔是否被锁闭。

2. SJ 第 7 组接点被占用时

当 SJ 第 7 组接点被 6502 的联系电路占用时，需增设锁闭复示继电器，并采其第 7 组接点，监测流程如图 2-4-13 所示。

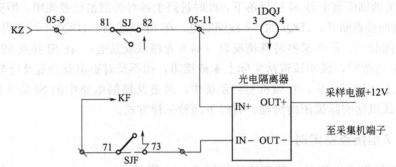

图 2-4-13 SJ 第 7 组接点被占用时监测流程

四、设备维护

(一) 直流道岔采集板

每个直流道岔采集板，可以完成对 12 组道岔转辙机电流、12 组 1DQJ 接点、24 个 (DBJ 和 FBJ 各 12 个) 表示灯的采集，可以监测 12 组直流道岔电动转辙机。每个道岔转辙机采集信息包括：一路道岔电流输入、一个 1DQJ、一个定位表示和一个反位表示。采集板配线图如下所示。

		C2组合—D3					
	B			A			
	道岔表示名称	道岔表示继电器采集端子		道岔名称	组合位置	电流模块端子号	
1	1/3-A	21-10	DBJ-82	1/3-A	21-10	OUT	1
2			FBJ-82	1/3-B	21-10	OUT	2
3	1/3-B	21-10		5/7-A	21-9	OUT	3
4				5/7-B	21-9	OUT	4
5	5/7-A	21-9	DBJ-82	9/11-A	22-9	OUT	5
6			FBJ-82	9/11-B	22-9	OUT	6
7	5/7-B	21-9		17-A	21-6	OUT	7
8				17-B	21-6	OUT	8
9	9/11-A	22-9	DBJ-82	31-A	22-8	OUT	9
10			FBJ-82	31-B	22-8	OUT	10
11	9/11-B	22-9		37	22-10	OUT	11
12				39	23-10	OUT	12
				道岔名称	组合位置	模块端子号	
13	17-A	21-6	DBJ-82	1/3-A 1DQJ	21-10	OUT-3	13
14			FBJ-82	1/3-B 1DQJ	21-10	OUT-3	14
15	17-B	21-6		5/7-A 1DQJ	21-9	OUT-3	15
16				5/7-B 1DQJ	21-9	OUT-3	16
17	31-A	22-8	DBJ-82	9/11-A 1DQJ	22-9	OUT-3	17
18			FBJ-82	9/11-B 1DQJ	22-9	OUT-3	18
19	31-B	22-8		17-A 1DQJ	21-6	OUT-3	19
20				17-B 1DQJ	21-6	OUT-3	20
21	37	22-10	DBJ-82	31-A 1DQJ	22-8	OUT-3	21
22			FBJ-82	31-B 1DQJ	22-8	OUT-3	22
23	39	23-10	DBJ-82	37 1DQJ	22-10	OUT-3	23
24			FBJ-82	39 1DQJ	23-10	OUT-3	24
25	24V-环线*	C2-D2-B25	C2-D4-B25	24V-环线*	C2-D2-A25	C2-D4-A25	25
26							26

采集板端子的 A1~A12 为道岔电流模入（即直流道岔电流采集模块的输出），A13~A24 为所配道岔电流相对应的 1DQJ 的开入，A25 为本采集机的 1DQJ 公共开入地线；B1~B24 端子上是 A1~A12 道岔电流端子上对应的 DBJ 和 FBJ，奇数号端子配 DBJ，偶数端子配 FBJ，DBJ 和紧接着的 FBJ 应属于同一组道岔，B25 为本采集机的定位和反位表示的公共开入地线。其对应关系为第一个道岔电流曲线 A1，对应第一个 1DQJ 开入 A13，第一个定位表示 B1 和第一个反位表示 B2，依次类推。上述对应关系必须一一对应，不能被打乱。

采集板面板如图 2-4-14 所示。面板上电源灯常亮，工作灯闪亮，故障灯灭灯，收发灯闪亮，面板上的下方表示灯含义如下。

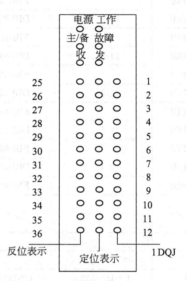

图 2-4-14 直流道岔采集板面板

面板上的绿色表示灯是开关量指示。最右侧一列 1~12 位表示灯，依次分别对应配线图上 A13~A24 位置的 1DQJ 开入状态，中间一列 13~24 位表示灯，依次分别对应 B1~B24 端子上的定位状态，最左侧一列 25~36 位表示灯，依次分别对应 B1~B24 端子上的反位状态。

（二）提速道岔采集板

每块三相道岔电流功率采集板即为一个三相道岔电流功率采集机，可实现对 6 台三相交流转辙机的监测。具体的采样配线如下。

	C2 组合—D2							
	B				A			
	道岔1 启动名称		组合位置	开关量采集器 端子号	道岔名称		组合 位置	功率模块 端子号	
1	1J1	1DQJF	11-5	OUT-3	1J1	U 相电流	11-5	Ia	1
2	1J2	1DQJF	11-4	OUT-3		V 相电流		Ib	2
3	3J1	1DQJF	11-3	OUT-3		W 相电流		Ic	3
4	3J2	1DQJF	11-2	OUT-3		功率		Ip	4
5	5J1	1DQJF	12-5	OUT-3	1J2	U 相电流	11-4	Ia	5

	C2 组合—D2						
	B			A			
	道岔1 启动名称		组合位置	开关量采集器 端子号	道岔名称	组合 位置	功率模块 端子号	
6	5J2	1DQJF	12-4	OUT-3	V 相电流		I b	6
7					W 相电流		I c	7
8					功率		I p	8
	道岔表示名称		道岔表示继电器采集端子					
9	1J1	DBJ	11-5	DBJ-82	3J1 U 相电流	11-3	I a	9
10		FBJ		FBJ-82	V 相电流		I b	10
11	1J2	DBJ	11-4	DBJ-82	W 相电流		I c	11
12		FBJ		FBJ-82	功率		I p	12
13	3J1	DBJ	11-3	DBJ-82	3J2 U 相电流	11-2	I a	13
14		FBJ		FBJ-82	V 相电流		I b	14
15	3J2	DBJ	11-2	DBJ-82	W 相电流		I c	15
16		FBJ		FBJ-82	功率		I p	16
17	5J1	DBJ	12-5	DBJ-82	5J1 U 相电流	12-5	I a	17
18		FBJ		FBJ-82	V 相电流		I b	18
19	5J2	DBJ	12-4	DBJ-82	W 相电流		I c	19
20		FBJ		FBJ-82	功率		I p	20
21					5J2 U 相电流	12-4	I a	21
22					V 相电流		I b	22
23					W 相电流		I c	23
24					功率		I p	24
25	24V-环线		C2-D2-A25	C2-D0-B12	24V-环线	C2-D2-B25		25
26								26

配线端子 A1~A24 为道岔电流和功率曲线输入；B1~B6 为对应的 1DQJ，公共端子为 A25；B9~B20 为定反表示开关量，公共端子为 B25，其中奇数端子为定位表示，偶数端子为反位表示。

面板指示灯及其定义如图 2-4-15 所示。

面板上的绿色表示灯是开关量指示。最右侧一列 1~6 位表示灯，依次分别对应配线图上 B1~B6 位置的 1DQJ 开入状态，中间一列 9~15 位表示灯，依次分别对应 B9~B19 端子上的定位状态，最左侧一列 25~32 位表示灯，依次分别对应 B10~B20 端子上的反位状态。

五、故障处理

① 道岔动作，没有记录到道岔电流曲线，在道岔曲线窗口中无道岔动作时间，可能原因如下。

• 道岔采集机与站机通信中断，采集机故障灯亮。

• 1DQJ 采集模块故障，在道岔曲线窗口中，道岔动作时间就是采集到的 1DQJ 继电器的动作时间，1DQJ 继电器的采集平时为高电平（即有电）。1DQJ 采集模块故障时，监测到的 1DQJ 继电器状态不发生变化。更换 1DQJ 采集模块。

• 1DQJ 采样点错误。

② 道岔动作，记录到一条（三条）直线（有道岔动作时间，1DQJ 继电器的采集正常）。

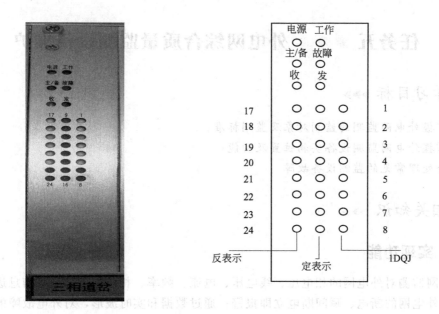

图 2-4-15 提速道岔面板及指示灯

- 1DQJ 采集模块电源环线错误或中断。
- 1DQJ 采样线中断。
- 道岔电流采集板上 A25 环线中断,在道岔电流采集机面板上中间一排指示灯不亮。
- 直流道岔电流采集模块或道岔电流功率采集模块电源环线错误,在直流道岔采集模块测 +12V、-12V 无电压,道岔电流功率采集模块上测量 +12V、-12V 与 GND 无电压,检查采集模块与采集电源之间的电源环线。
- 道岔电流采集模块故障:模块工作电源正常,采样线也正常。在道岔转换时,用万用表(电压直流挡)测量模块有无输出。如电流功率模块,用黑表笔对道岔从机电源 GND,红表笔对 a、b、c 其中一个,无 0~3V 的直流电压输出。直流道岔电流采集模块,在道岔电流采集板配线端子对应输入位置与 D0-B9/B10 或 D10-B9/B10 测量,无 0~3V 的直流电压输出;更换道岔电流采集模块。若更换模块后仍无输出,则可能为采集板故障,更换采集板。
- 直流道岔采集模块绕线方向反。
- 道岔电流采集模块与道岔电流采集板之间采样线中断,校线。

③ 道岔动作,记录到的道岔电流曲线启动电流正常,动作电流较小,其他电流曲线故障:

- 道岔采集模块的工作电压不正常,+12V、-12V 对 GND 不平衡,偏差较大。故障原因:个别模块故障造成 +12V、-12V 对 GND 不平衡或采集机电源故障。
- 模块电源环接的数量超过规定的数量。

④ 道岔无动作,记录到一条(三条)直线。

- 1DQJ 采集模块故障。
- 1DQJ 采集模块电源环线接触不良。
- 道岔电流采集板上 A25 环线虚接。
- 采样线接触不良。

任务五 ●●● 外电网综合质量监测设备维护

 学习目标 ▶▶▶

① 掌握外电网监测的监测对象及监测标准；
② 掌握外电网监测设备实物位置及功能；
③ 会处理常见的监测设备故障。

 相关知识 ▶▶▶

一、实现功能

外电网监测对外电网的相电压、线电压、电流、频率、相位角、功率等信息进行全面监测。还对外电网的断电、瞬间断电立即报警；通过数据和实时波形，对外电故障的判断提供必要的原始数据。

二、监测对象与监测点

监测对象：外电网两路三相电源。
监测点：外电网在机械室电源箱闸刀处。

三、监测原理与处理流程

1. Ⅰ型、Ⅱ型外电网采集机

Ⅰ型、Ⅱ型外电网采集机由外电网隔离采集箱和外电网监测单元两部分组成，就近采用壁挂方式安装在电务闸刀配电箱附近，与站机以 CAN 网络线相连，供电由监测系统提供。外电网采集机采用了单独的壁挂式或座式机箱的结构。采用的结构为隔离箱+采集箱的双箱式结构，隔离采集箱安装电流采样的电流互感器和电压采样的保险和隔离电阻都为无源元件，确保隔离采集工作的稳定性，隔离采集箱外就近安装外电网监测单元完成外电网信息的采集。

在机械室电源箱闸刀上方引出电压监测线 4 根，即 U、V、W 和 N 相（220V 外电网引出 2 根即 L 相和 N 相，这里以 380V 外电网为例），经过保险和衰耗电阻模块后接入到外电网监测单元。电流监测是通过在电源箱闸刀下方穿三个电流互感器，电流互感器的输出线接入到外电网监测单元。外电网监测单元采集到数据后，通过计算得到外电网质量数据包括：三相相电压、线电压、电流有效值、功率、功率因数、相位角、频率等，并通过 CAN 总线送到站机显示、存储。如果电网波动超限，系统会自动记录报警值，送站机显示并保存。

外电网监测原理图和安装示意图如图 2-5-1 所示。

2. Ⅲ型外电网采集机

Ⅲ型外电网采集机与Ⅰ型、Ⅱ型原理一样，将两个箱体整合为一个箱体，电流互感器安装在箱体外部，三相闸刀出线处。

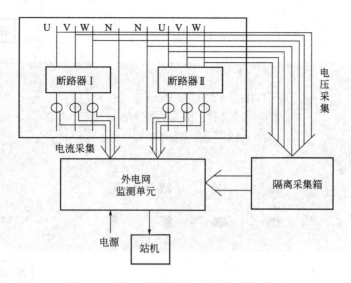

图 2-5-1 外电网监测原理图和安装示意图

四、设备维护

所用设备为外电网电源隔离箱和外电网监测单元,二者为成套设备,每套该设备可以采集两路交流 380V 外电网或者两路交流 220V 外电网。如果需要监测的外电的数量超过两路,则可通过增加一套该外电网监测设备来实现。

监测 380V 外电还是监测 220V 外电,可通过拨码开关来实现。外电网监测单元有 8 个拨码开关,它们的用途是确定外电网采集单元的从机号、外电网类型和协议类型。拨码开关 1～4 用来确定外电网采集单元的从机号,从 0000 到 1111 分别对应的从机号为:0C、0D、0E、0F、10、11、12、13、14、15、16、17、18、19、1A 及 1B。

拨码开关 5 拨为 OFF,为空余位。

拨码开关 6 和 7 用于选择测试电网类型,从 00 到 11 分别对应的为两路 380V,两路 220V,一路 380V,一路 220V。

拨码开关 8 用于选择 CAN 通信协议类型,OFF 代表使用 CAN2.0B 协议,即是 06 版监测的协议;ON 代表使用 CAN1.0 协议,即是 TJWX-2000 监测的协议。

Ⅲ型外电网监测设备如图 2-5-2 所示。

五、故障处理

1. 外电网监测信息显示未知

① CAN 通信中断,外电网监测单元上发灯闪亮,收灯不亮,检查 CAN 通信线。
② 外电网监测单元故障,更换外电网监测单元。
③ HHCAN.INI 错误,修改数据。

2. 外电网监测中某一路监测错误

① 外电网隔离单元上对应隔离保险熔断。
② 对应采样线接触不良。

信号微机监测

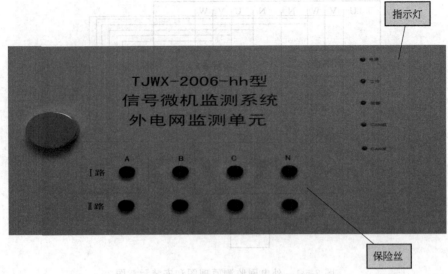

图 2-5-2　Ⅲ型外电网监测设备面板

任务六　●●●　64D 半自动闭塞监测设备维护

 学习目标 ▶▶▶

① 掌握 64D 半自动闭塞监测的监测对象及监测点；
② 掌握 64D 半自动闭塞监测的监测处理流程；
③ 会维护 64D 半自动闭塞监测设备；
④ 会处理常见的监测设备故障。

 相关知识 ▶▶▶

一、实现功能

通过对半自动闭塞电压、电流的实时监测，得到电压、电流实时值及历史记录曲线，为分析出半自动闭塞电路中的故障作依据。

二、监测对象及监测点

监测对象为半自动闭塞线路电压及闭塞电流。电压监测点为分线盘闭塞外线接线端子，电流监测点为组合侧面闭塞线，通常采集点在半自动闭塞组合 ZDJ 继电器的 31 接点（即闭塞外线 X1 接线的接点），半自动闭塞电流采集模块上的箭头指向 ZDJ 继电器。

采样点如图 2-6-1 所示的 X1、X2 在分线盘端子。

三、监测原理及处理流程

1. 电压监测原理与处理流程

半自动闭塞外线电压从分线盘端子引入 06 型 64D 转换单元，经隔离模块隔离、运算放大处理后，送至采集板，再进行 A/D 转换、CPU 处理，最后通过 CAN 总线上送站机进行显示及存储。处理流程图如图 2-6-2 所示。

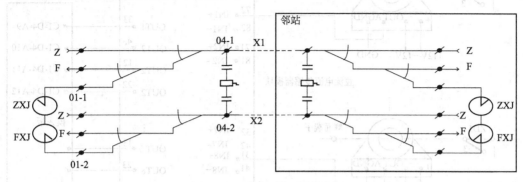

图 2-6-1　半自动闭塞监测点

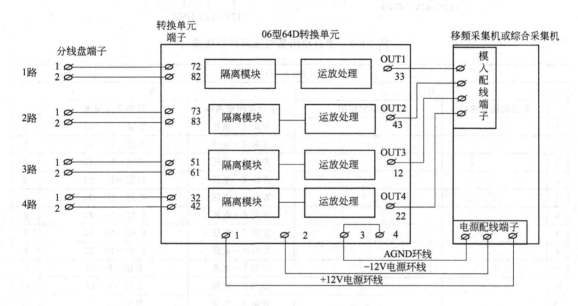

图 2-6-2　半自动闭塞外线电压采样原理图

2. 电流监测处理流程

电流监测处理流程如图 2-6-3 所示。直流电流互感器模块安装在组合架上，将 X1 穿过直流电流互感器线圈一匝。闭塞线路上有 −500～500mA 电流流过时，直流电流互感器模块输出 −2.5～2.5V 的电压信号。每个直流电流互感器模块采集 1 路。06 型双极直流电压转换单元将直流电流互感器模块输出的 −2.5～2.5V 电压信号处理成 0～3.3V 电压信号，送入采集板。

四、设备维护

所用设备为 06 型 64D 转换单元、06 型双极直流电压转换单元、06 型模入板。每个 06 型 64D 转换单元可以采集 4 路半自动闭塞电压，每个 06 型双极直流电压转换单元可以采集 8 路半自动闭塞电流，每块 06 型模入板可采集 48 路模拟量信号。对半自动闭塞电压、电流的监测可共用一块采集板，工程设计图如图 2-6-4 所示。

信号微机监测

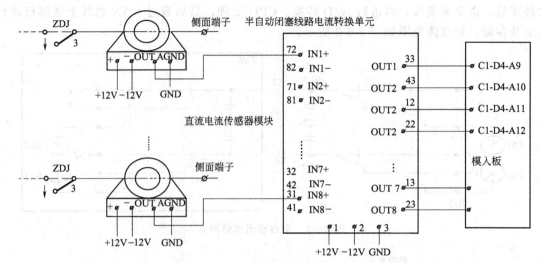

图 2-6-3 半自动闭塞电流采样原理图

	C1 组合—D4				
	B		A		
	半自动闭塞名称	转换单元输出	半自动闭塞名称	转换单元输出	
1			方向1—电压	B层—10—33	1
2			方向2—电压	B层—10—43	2
3			方向3—电压	B层—10—12	3
4			方向4—电压	B层—10—22	4
5			方向5—电压	C层—10—33	5
6			方向6—电压	C层—10—43	6
7			方向7—电压	C层—10—12	7
8			方向8—电压	C层—10—22	8
9			方向1—电流	B层—9—33	9
10			方向2—电流	B层—9—43	10
11			方向3—电流	B层—9—12	11
12			方向4—电流	B层—9—22	12
13			方向5—电流	B层—9—11	13
14			方向6—电流	B层—9—21	14
15			方向7—电流	B层—9—13	15
16			方向8—电流	B层—9—23	16
17					17
18					18
19					19
20					20
21					21
22					22
23					23
24					24
25					25
26					26

图 2-6-4 工程设计图

五、故障处理

1. 半自动闭塞电压测试值错误

① 采样线错误，校正采样线。
② 06 型 64D 转换单元故障，更换转换单元。
③ 半自动闭塞采集板故障，更换半自动闭塞采集板。
④ 数据错误。

2. 半自动闭塞电流测试值错误

① 采样线错误，校正采样线。
② 半自动闭塞电流采样模块故障。半自动闭塞电流采样模块工作电压或 GND 不良；模块穿线方向与要求不一致。
③ 06 型双极直流电压转换单元故障，更换转换单元。
④ 半自动闭塞采集板故障，更换半自动闭塞采集板。
⑤ 数据错误。

任务七 ●●● 集中式移频监测设备维护

学习目标 ▶▶▶

① 掌握集中移频监测的监测对象及监测点；
② 掌握集中移频监测的监测处理流程；
③ 会维护集中移频监测设备；
④ 会处理常见的监测设备故障。

相关知识 ▶▶▶

对站内电码化设备、集中式有绝缘移频自动闭塞、集中式无绝缘移频自动闭塞（如 ZPW2000 系列、UM71 系列）设备的监测有开关量、发送电流、电压及频率等。其中电压和频率类根据采集点的不同又分为发送功出电压、载频切换码、发送通道电缆侧电压、接收通道电缆侧电压、接收轨入电压、接收器轨出 1（主轨）、轨出 2（小轨）电压；频率部分又包括移频轨道电路的上边频、下边频、中心频率和低频。

一、开关量监测

开关量的监测内容、监测点及流程图如图 2-7-1 所示。
利用各个继电器的空接点监测信号灯的显示情况、区间轨道电路占用情况及报警情况。

二、发送电流监测

发送电流可分为区间移频发送电流和电码化发送电流。

信号微机监测

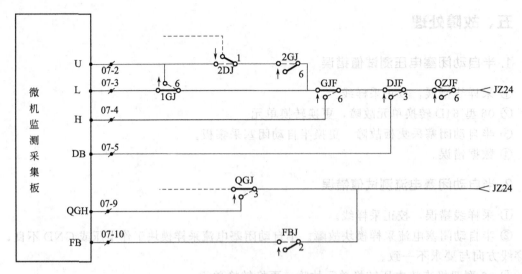

图 2-7-1 监测点及流程图

闭环电码化中每个区段都要发送电码化信息，发送电流应采集每个区段的发送电流，采集点应位于发送调整器之后。量程可根据需要进行调整（500mA、1A、2A、5A）。由于侧线股道采用一个发码盒，但这个发码盒的载频可根据发车方向改变，所以一条侧线股道的发码电流需采用两路测试，分别对两种发码载频进行测试。

电码化发送电路中采用了一个发送器同时给若干个区段同时发码的原理，所以在监测电码化发送电流时采用了监测每个区段的发送电流的情况，而没有采取对总发送电流监测的方法。

由发送电流采集模块和一块模入板完成，一块模入可以完成对 48 路发送电流的监测。

站内电码化发送电流的采样接线图如图 2-7-2 所示。区间移频发送电流采样接线图如图 2-7-3 所示。发送电流采样模块实物如图 2-7-4 所示。

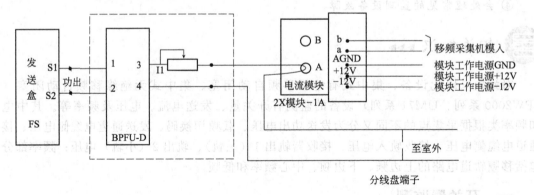

图 2-7-2 站内电码化发送电流的采样接线图

图 2-7-4 所示的单孔和双孔的发送电流模块存在的唯一区别是双孔的采集模块可以监测两路，而单孔的采集模块只能监测一路。除此以外，在功能和性能上无任何区别。单孔采集模块主要在所监测的设备布局相对较为分散时采用，而双孔的采集模块主要在监测的设备布局相对较为集中时采用。双孔采集模块的电流采集孔输出端子一一对应，如当采集孔 A 所采集的电流是通过输出端子 a 对应输出的。

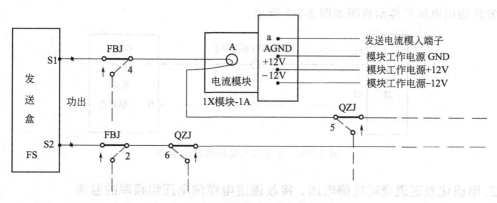

图 2-7-3　区间移频发送电流采样接线图

图 2-7-4　单孔与双孔发送电流采样模块

三、电压和频率监测

对于移频电压和频率信号的处理，其信号处理流程如图 2-7-5 所示。

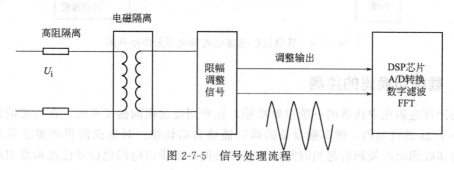

图 2-7-5　信号处理流程

1. 发送电压和频率的监测

测量电码化和区间移频发送电压和频率采用的是移频发送互感器板，每块互感器板可测量 16 路信号，测量电压的量程为 0~300V，采用两个 150k 的衰耗电阻。输入信号进入 CPU 后，首先按照一定的采样频率进行高速 A/D 转换，将模拟信号转变为数字信号，然后按照信号的频率，对信号进行带通滤波，测量出特定频率范围内信号的有效值。然后再对滤波后的信号进行处理，计算其上下边频和低周频率，对于发送电压只监测发送盒的输出总电压（即功出电压），不对发送调整盒的输出进行监测。

发送功出电压采样示意图如图 2-7-6 所示。

图 2-7-6　发送功出电压采样示意图

2. 电码化发送通道电缆侧电压、接收通道电缆侧电压和频率的监测

本项监测所使用采集板与电码化发送电压和频率使用的互感器板完全一致，都是采用移频发送互感器板，有所区别的是采样位置和采集板上固化的程序不同。移频发送通道电缆侧电压采样示意图如图 2-7-7 所示，移频接收通道电缆侧电压采样示意图如图 2-7-8 所示。

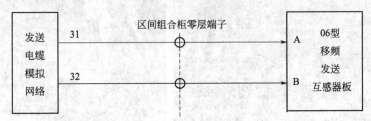

图 2-7-7　移频发送通道电缆侧电压采样示意图

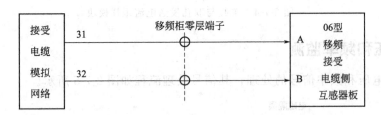

图 2-7-8　移频接收通道电缆侧电压采样示意图

四、载频切换码的监测

这是闭环电码化中新增的一项重要功能，在利用道岔侧向接发车时，在特定的区段发送长度不小于 2s 的改频码，使车载设备的载频能够自动切换。对微机监测的要求是能够准确地判断出接收到的改频码的起始时间、类型和长度，提供出电码化设备已准确发出改频码的记录。

由于发送改频码均在列车进入区段后再开始发送，这时接收端已无信号，所以不能在接收电压端测试。可使用发送电压分析信号，精度上没有问题，但无法反映出这个信号是否发送到钢轨上，因此，可以在分析时加入电码化发送电流的条件，即如果电码化发送信号的类型符合要求，并且发送信号的入口电流强度满足要求，说明钢轨上可接收到正常的改频信号。由于这个测试只是定性的判断，可采用高速的算法确保测试结果的实时。

一个车站应该发送载频切换码的区段为各股道和每个出站口的进站信号机内方第一个轨道区段，一般情况下大约有 10 个区段，大多数的车站需要监测载频切换码的区段不会超过

16个。

微机监测实施方案：在电码化发送互感器板的输入端子上并联引出配线端子到载频切换互感器板。因载频切换和站内电码化系一个采集点，所以对于需要测载频切换码的站点一般情况下会随电码化发送互感器板的分布进行配置，然后通过采集机组匣后面的一托二的配线端子完成。

五、移频接收轨入电压和频率的监测

移频接收轨入电压采样示意图如图 2-7-9 所示。

测量轨入电压和频率采用的是移频接收互感器板，与移频发送互感器板的功能和结构基本相同，使用可测轨入电压和频率的程序，每块互感器板可测量 16 路信号，但与发送互感器板不同的是接收互感器板的测量电压的量程为 0~7V。

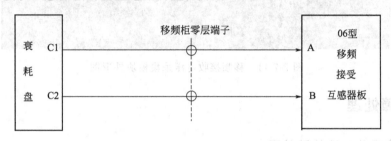

图 2-7-9　移频接收轨入电压采样示意图

六、移频接收器轨出 1(主轨)、轨出 2(小轨)电压和频率的监测

轨出 1（主轨）、轨出 2（小轨）电压采样示意图如图 2-7-10 所示。

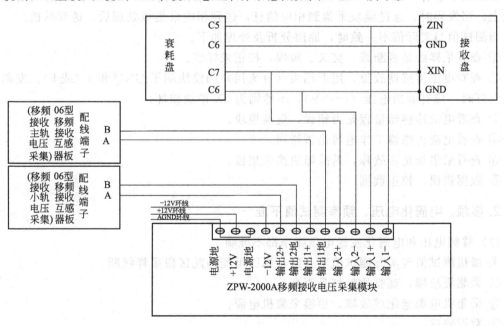

图 2-7-10　电压采样示意图

移频接收电压采集模块，将信号进行整理调整后输出。该模块采用高阻输入以减少对移频系统的影响。

所使用的采集板与轨入电压的采集板完全相同，仅是使用的采集板程序有所差异。

ZPW2000移频接收电压采集模块外型图如图2-7-11所示。包含电源端子4个，输入端子4个，输出端子4个。

图2-7-11 移频接收电压采集模块外形图

七、故障处理

1. 移频/电码化电流故障处理

采用双孔电流传感器模块或单孔电流传感器模块进行采集，根据各项电压不同，模块量程有所不同。

接线端子上有+12V、-12V、GND 输出a、b，采样线从a、b然后到采集机柜相应模入板上。当发码时，通过模块采集到相应信息，送到相应采集板处理后，送到站机。

当测试值与实际值不一致时，原因分析及处理如下。

① 查看采样线是否断线、交叉、脱焊，校正采样线。

② 查看电流传感器故障，用万用表（直流挡）测模块端子GND和a（或b）。发码或信号机点灯时，应有输出电压（0～5V），不然则为2X模块损坏。

③ 查看电流传感器量程是否错误，更换模块。

④ 查看电流传感器工作电源是否错误。

⑤ 查看采集板是否故障，若故障更换采集板。

⑥ 数据错误，校正数据。

2. 移频、电码化电压、频率测试值不准

（1）移频电压和电码化发送电压频率都不准确

① 微机测试值与实际测试值不一致，原因可能为此区段采样线断。

② 采集板故障，观察故障灯是否亮。

③ 采集机电源老化或故障，更换采集机电源。

④ 数据错误。

（2）移频电压和电码化发送电压都不准确，频率准确

① 采样线接触不良。

② 数据错误，修改数据。

③ 采集板故障，更换采集板。
④ 移频电压和电码化发送电压都不准确，频率准确。
⑤ 数据错误，修改数据。
⑥ 采集板故障，更换采集板。

（3）移频接收主轨电压和小轨电压不准确
① ZPW-2000A 移频接收模块故障，模块工作电源错误。
② 采集板故障，更换采集板。
③ 数据错误，修改数据。

任务八　电缆绝缘及电源漏流监测设备维护

学习目标 ▶▶▶

① 掌握电缆绝缘及电源漏流监测的监测对象及监测点；
② 掌握监测处理流程；
③ 掌握继电器接点网络结构；
④ 掌握电缆绝缘测试电路及电源漏流测试电路原理；
⑤ 会处理常见的监测设备故障。

相关知识 ▶▶▶

一、实现功能

电缆绝缘测试是指电缆芯线全程对地绝缘电阻的测试。电缆是信号电路中的传输线，直接关系到信号联锁。通过电缆绝缘电阻的测量，可及时了解电缆绝缘的情况，了解信号电路的状态，保证设备的正常工作。

电源屏电源要求绝缘层良好且对地绝缘，通过电源对地漏流的测量，可以了解各电源线是否破损和接地情况，及时发现线路故障。

由于电缆绝缘和电源对地漏流测试对信号设备的影响较大，因此仅支持人工启动全测或选测，不能不间断实时测试。

二、监测对象及监测点

电缆绝缘测试：各信号电路室内与室外连接的分线盘电缆处，并接监测线到采集机柜继电器组合架侧面端子。

电源对地漏流：监测点为电源屏端子板，并接监测线到采集机柜继电器组合架侧面端子。

三、监测处理流程

电缆绝缘和电源对地漏流测试流程图如图 2-8-1 所示。

首先，在站机监测终端上点击测试命令，控制采集板开始工作，通过程序计算，输出电压信号控制继电器组合里的相应继电器励磁吸起，通过继电器接点网络选通一条电缆，进入电缆绝缘测试电路或电源对地漏流测试电路，将输出结果送与采集板进行 A/D 转换，通过 CAN 总线送与站机存储显示。现以 256 根电缆组合进行讲解。

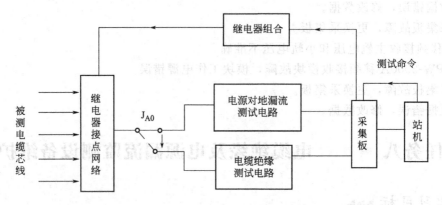

图 2-8-1　电缆绝缘及电源对地漏流测试流程图

（一）继电器接点网络

由于电缆芯线数量多，又只能一根一根的测试，就只能借助测试继电器组成的树型阵列接点开关，也就是继电器组成的多级选路网络和互切电路，将每条电缆顺序的、逐一的接入测试电路。绝缘漏流采集板根据接受命令的路码，算出阵列中哪些继电器吸起，哪些继电器落下，再输出电压信号驱动继电器，从而能将那一路电缆接入测试电路。

继电器接点网络如图 2-8-2～图 2-8-5 所示。

采集机柜 A 层侧面端子接有 64 根电缆，分别接给 J00-J03 四个继电器的上、下接点，通过控制 J00-J03 继电器的吸起落下情况，可选中其中 32 根电缆由 J00-J03 中接点输出，接给 J10-J11 继电器上、下接点，通过控制 J10-J11 继电器的吸起落下情况，可选中其中 16 条电缆由 J10-J11 继电器中接点输出，接给 J20 继电器上、下接点，再控制 J20 接点继电器吸起或落下，可选中其中的 8 根电缆由 J20 继电器的中接点输出。如，需要测试 A 层侧面端子 04-8 端子电缆，需要控制继电器状态为：J03↓，J11↑，J20↑。如图 2-8-2 所示。

采集机柜还设置有 B、C、D 层侧面端子，各层分别接入 64 根电缆，选择线路原理图同 A 层。B 层电缆使用 J04-I07，J12-J13，J21 继电器接点来选择，C 层电缆使用 J08-J0B，J14-J15，J22 继电器接点来选择，D 层电缆使用 J0C-I0F，J16-J17，J23 继电器接点来选择。为施工配线方便，将各层所使用的继电器放置在采集机柜同一层。

A、B、C、D 层各 8 根电缆同时同步接入到 E 层；E 层接线图如图 2-8-3 所示。4 组 8 根电缆在 E 层通过 J3 层继电器选择组别，若 J30 失磁落下，选中 A 层 8 根，若 J30 励磁吸起，选中 B 层 8 根，若 J31 失磁落下，选中 C 组 8 根，若 J31 励磁吸起，选中 D 层 8 根。即 J30 继电器中接点输出的是 A 组的 8 根或 B 组的 8 根，J31 继电器中接点输出的是 C 组的 8 根或 D 组的 8 根。

被选中的 2 组 8 根电缆进入 J40 继电器接点，J40 失磁落下，选中 J30 输出的一组 8 根，J40 励磁吸起，选中 J31 输出的一组 8 根。

最终被选中的 8 根是通过 J50、J60、J70 这三个继电器吸起或落下的排列组合，选中其中的一根进入测试电路。如下所示：

J70	J60	J50	J70	J60	J50	
0	0	0	↓	↓	↓	接入第 1 根
0	0	1	↓	↓	↑	接入第 2 根
0	1	0	↓	↑	↓	接入第 3 根
0	1	1	↓	↑	↑	接入第 4 根
1	0	0	↑	↓	↓	接入第 5 根
1	0	1	↑	↓	↑	接入第 6 根
1	1	0	↑	↑	↓	接入第 7 根
1	1	1	↑	↑	↑	接入第 8 根

A、B、C、D、E 层之间连接图如图 2-8-4 所示。最终选中的电缆由 J70 继电器送出。

JA0 继电器是电缆绝缘测试与电源漏流测试的电路区分条件，JA0 继电器落下测试电缆绝缘，JA0 继电器吸起测试电源对地漏流。

平时不进行测试时，所有继电器都处于落下状态，此时 A 层的 01-1 电缆被选通，若不设置控制开关，即将通过 JA0 落下接点进入电缆绝缘测试电路测试，这是不允许的。因此，在电缆绝缘测试电路入口设置 J80 继电器，平时不测试时落下切断测试电路，当接到测试电缆绝缘命令时吸起接通某根电缆进行电缆绝缘测试，如图 2-8-4 所示。也可在 JA0 接点前接入 J80 前接点，平时不进行测试时 J80 落下，切断电缆与测试电路，只有测试时 J80 吸起，前接点接通电缆和测试电路进行测试。

绝缘漏流测试采集板，用于控制电缆绝缘测试专用继电器的动作。每块采集板有 40 路开关量输出，能驱动 40 个安全型继电器动作，如图 2-8-5 所示 1~35 路开关量输出分别控制 35 个继电器，专用于电缆绝缘测试。电缆绝缘测试继电器按组合方式配置。

每块绝缘漏流测试分机均能驱动一整套测试组合（35 个继电器组成），共分为 5 个分层组合，分别以 A 层、B 层、C 层、D 层、E 层命名，其中 E 层为基本转换组合，A、B、C、D 层为电缆芯线转换组合，接配电缆芯线。可根据被测电缆芯线的路数，灵活配置转换组合。

电缆芯线数量：1~64 条----------组合 E+A
  　　　　　　65~128 条---------组合 E+A+B
  　　　　　　129~192 条--------组合 E+A+B+C
  　　　　　　193~256 条--------组合 E+A+B+C+D

每一整套组合的最大容量为 256 根电缆芯线，分 4 组接入 A、B、C、D 层，经由继电器接点组成的树型阵列开关，在采集机软件的控制下，顺序接入测试电路。

电缆绝缘测试继电器组合的内部配线在厂家均已按标准配线图配接好，对于具体车站应根据具体电缆芯线数量和现场调查资料，对照标准图的端子分配设计施工配线图。

(二) 电缆绝缘测试电路

原理图如图 2-8-6 所示。电缆进入测试电路后，将特制的 500V 直流高压加至电缆芯线上，即电缆芯线全程对地绝缘电阻 R_x 接入了测试回路，和回路内取样电阻 1.5kΩ 串联，从取样电阻上获得取样电压。R_x 的大小决定回路电流的大小，亦即决定取样电压的大小。R_x 越大，i 越小，采样电压越小。再将取样电压量化转换成 0~3V 标准直流电压后，送入绝缘漏流采集机模拟量输入板，经选通送至 CPU 进行 A/D 转换和数据处理。

由于部分电缆芯线接有防雷设备，为避免测试电压击穿防雷设备，影响信号设备正常使

信号微机监测

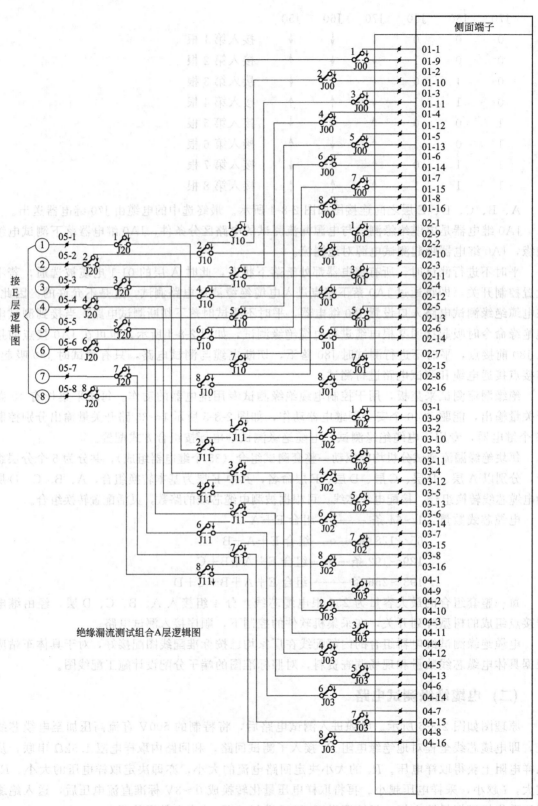

图 2-8-2 A（或 B、C、D）层接线图

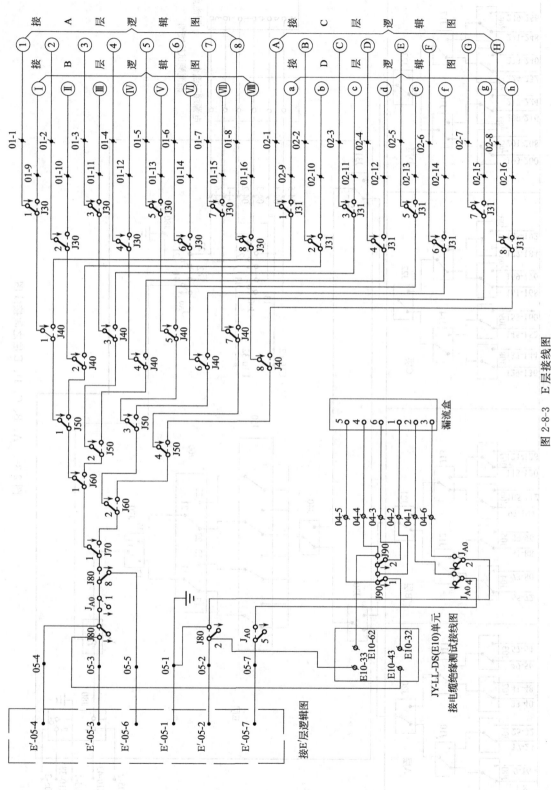

图 2-8-3　E 层接线图

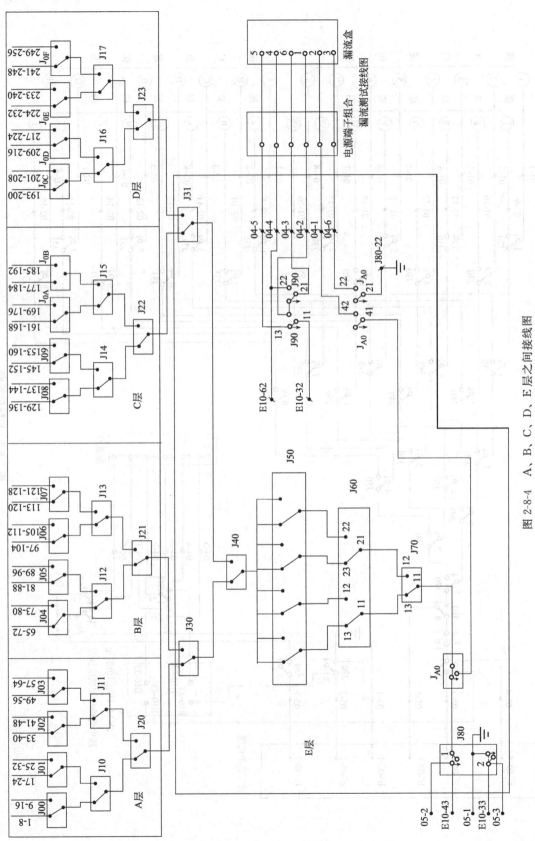

图 2-8-4　A、B、C、D、E 层之间接线图

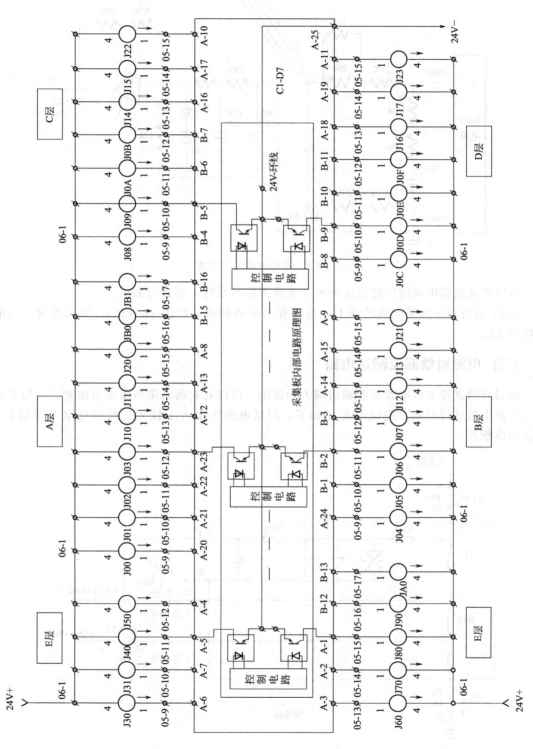

图 2-8-5 采集板控制继电器接线图

信号微机监测

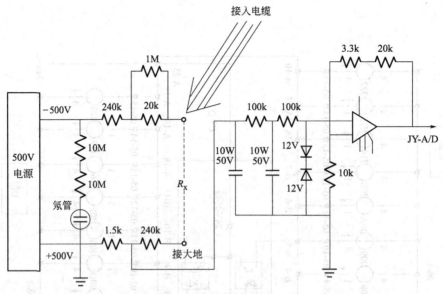

图 2-8-6 电缆绝缘测试电路

用,所以测试电缆绝缘时应按规定要求:先拔下防雷元件,再进行测试。

500V 直流高压加至电缆芯线上,需要充电时间较长,约需 10～15s,所以每测一根电缆约需 20s。

(三) 电源对地漏流测试电路

因漏流测试要求将电源屏各输出端人为接地,所以对它的采集需要非常慎重,一般要求串入保护电阻进行测量。测试原理图如下,测试电路中串入了较大的保护电阻(例如 1k)和保护熔断器。

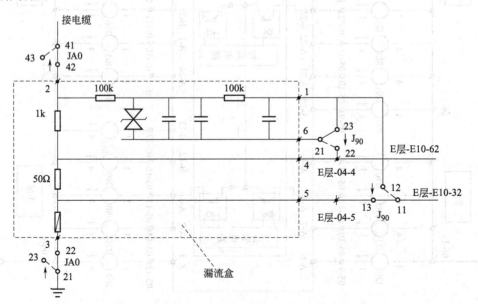

图 2-8-7 电源对地漏流测试电路

测试电源漏流时,采集板控制 JA0 吸起,把被测的电源缆芯线通过测试继电器组合接至电源漏流测试板上的测试电路。电源屏输出电源有交、直流之分,为了提高测试精度,加装继电器 J90,对于不同的电源切换到不同的电路:

测交流电源漏流时 J90 落下,在 50Ω 电阻上取样;

测直流电源漏流时 J90 吸起,在 1kΩ 电阻上取样;

将取样电压信号量化转换成 0~3V 直流标准电压,经绝缘漏流采集机模拟量输入板送至 CPU 进行 A/D 转换和数据处理。

测试电路原理如图 2-8-7 所示。

电源屏各种输出电源对地漏流的测试是关系到安全生产的,以防万一,只在天窗时间内人工启动手动测量或启动自动测量。

四、监测设备维护

监测设备由继电器组合、侧面端子、采集板、电缆绝缘测试电路及电源对地漏流测试盒组成,实物均放置在采集机柜内。继电器组合放置在采集机柜 E、A、B、C、D 层。电缆绝缘测试电路以继电器形式构成插接件单元,安装在采集机柜 E10 位置。电源对地漏流测试盒实物图如图 2-8-8 所示。

每块绝缘漏流采集板可输出 40 个开关量,前 35 个用于电缆绝缘测试组合,第 36、37 两个开出量,用于控制漏流测试继电器(J90、JA0),其测试容量与电缆绝缘一样。通常是先配置电缆绝缘配线,再配置电源漏流配线,配线图如图 2-8-9 所示。

图 2-8-8 电源对地漏流测试盒

五、故障处理

(一)电缆绝缘监测

根据电缆绝缘测试原理可知,某根电缆接入测试电路后,500V 电源通过该电缆对地的绝缘电阻 R_x 构成回路,采样转换电路根据回路中的电流的大小,输出与 R_x 对应的数值。常见故障如下。

① 当公共部分故障时,所有电缆绝缘测试均不正确。

② 当部分电缆(连续)测试不准确,可能电缆选择网络出现故障。

③ 个别电缆测试值不准,可能配线错误,即从分线盘的采样线错位、采样线断线等。

④ 某些个别电缆绝缘的微机测试值与摇表测试值不一致,总结原因如下。

• 站场是动态的:道岔的转换、信号的开放与关闭、区段的空闲与占用都随时间变化。如实际应用中发现道岔定位时绝缘良好,反位时不好;信号关闭时绝缘良好,开放时不好;区段空闲时绝缘良好,过车时不好;电缆绝缘测试值亦和天气状况有关。部分电缆早上、中午测试值变化较大;雨天、晴天绝缘值变化较大。因此,若微机测试时刻与人工验证测试时刻有一定间隔,这种原因引起的不一致可能性比较大。

• 测电缆绝缘时,防雷设备将会有很大影响(实际测试时防雷设备必须甩掉)。

• 某些电缆对电压很敏感(如信号机类),表现为用摇表测绝缘时,摇的慢时值较大摇

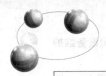

信号微机监测

		C1 组合—D7				
		B		A		
	名称	绝缘测试组合	名称	绝缘测试组合		
1	J05	B 层-05-10	J80	E 层-05-15	1
2	J06	B 层-05-11	J70	E 层-05-14	2
3	J07	B 层-05-12	J60	E 层-05-13	3
4	J08	C 层-05-9	J50	E 层-05-12	4
5	J09	C 层-05-10	J40	E 层-05-11	5
6	J0A	C 层-05-11	J30	E 层-05-9	6
7	J0B	C 层-05-12	J31	E 层-05-10	7
8	J0C	D 层-05-9	J20	A 层-05-15	8
9	J0D	D 层-05-10	J21	B 层-05-15	9
10	J0E	D 层-05-11	J22	C 层-05-15	10
11	J0F	D 层-05-12	J23	D 层-05-15	11
12	J90	E 层-05-16	J10	A 层-05-13	12
13	JA0	E 层-05-17	J11	A 层-05-14	13
14	报警控制	B 层-05-16	J12	B 层-05-13	14
15	JB0	A 层-05-16	J13	B 层-05-14	15
16	JB1	A 层-05-17	J14	C 层-05-13	16
17	JY-LL-DS	E 层-04-17　C1-D8-B17 环至下一块开出板的 B17	J15	C 层-05-14	17
18			J16	D 层-05-13	18
19			J17	D 层-05-14	18
20			J00	A 层-05-9	20
21			J01	A 层-05-10	21
22			J02	A 层-05-11	22
23	XDS	XDS 空接点	J03	A 层-05-12	23
24	SDS	SDS 空接点	J04	B 层-05-9	24
25	24V−	C1-D8-A-25	24V−	A-26　C1-D0-B-12	25
26			24V−	A-25	26

图 2-8-9　采集板配置图

的快时值较小,对于这类电缆微机测试值与摇表很难吻合。

• 某些电缆电容效应较明显,需要较长时间才能达到稳定,表现为用摇表测试是随着时间的延长指示值慢慢变大,这种情况微机测试值一般偏小,但连续测试该路几次将接近人工测试值。

• 有的电缆在充电到一定程度会放电,表现为摇表测试时指针达到一定值迅速回摆,然后又慢慢上升,重复出现,这种情况下人工测试凭经验读取的数值和微机测试值无法一致。

• 有的电缆用摇表测试时指针一直在"颤动",这种情况下微机测试值与人工测试值也可能有较大偏差。

• 电缆对大地之间有直流电压成分,根据测试原理,其对电缆绝缘测试值影响很大。

• 若测试值全部为 0MΩ 时,则可能为绝缘采集板故障;JY-LL-DS 单元损坏;E-05-2 与 E-05-3 短路或绝缘不好。

• 若测试值全部大于 20M 时,则可能为 500V 单元没有 220V 输入电压或无 500V 输出电压;E-05-1 接地线断;漏流盒接线端子 3 接地;分线盘的地线与微机监测的地线 E-05-1 不共地;采集机电源 AGND、±12V 与机柜外壳绝缘不良。

(二)电源对地漏流

漏流测试结果的正确与否不能主观臆断,要以实测为依据。现在漏流测试的是 1k 漏流测试值，即在测漏泄电流时在回路中串一个 1k 的电阻，而不是只用表直接对地测量。

① 检查设备地线，测量 E-05-1 和设备地线之间的电阻应很小，不会大于 1Ω。

② 实际测量漏流值的大小：参考漏流测试接线图可知漏流测试盒的接线柱 2 和 4 之间有 1k/100W 的电阻。

③ 测试值不一致：如实测 40mA，微机测试 40mA 左右，也就是相差不大，可修改系数；如小于 3mA，则肯定有问题。步骤如下。

• 交流测漏流盒 4、5 之间的电压，1V 对应 20mA。直流测 1、6 之间的电压，1V 对应 1mA。

• 一般按测交流查问题。如上实测 40mA，则漏流盒 4、5 之间的电压应是 2V（交流）。此时从 E10 上 32 和 62 间也应是 2V，如没有则漏流测试接线图查配线。→从 E10 上 42 和 62 间应是 1V（直流），如没有则是 E10 转换单元坏。→从 E10 上 11 和 62 间应是 1V（直流），如没有则按 JY-LL-DS（E10）单元输出接线图查配线。→从 E10 上 3 和 4 间应是 1V（直流），如没有则是 E10 转换单元坏。→从每个开出板的 B17（2K 微机监测是 C1-D1-A24）和综合从机的 AGND 间应是 1V（直流），如没有则按 JY-LL-DS（E10）单元输出接线图查配线。→如果还不对，就看电源屏测试正常与否，电源屏测试正常则 CPU 板没问题，更换模入板。→都不正常则更换模入板或 CPU 板。

• 如实测的有 40mA，微机测试小于 3mA，而漏流盒 4、5 之间没有电压，则应查地线，查继电器的切换是否正常，查法和绝缘测试一样。

• 如果站上设备绝缘良好，测试值都是小于 3mA，实测值也小于 3mA，仍要看一下漏流测试功能的好坏，则可在天窗点试验，把电源的一极（如 JZ24）接地，在微机上测试 JF24 的漏流，测试值应接近 200mA（理论值是 200mA）。如不是，从第 3 步再查。

任务九 ●●● 道岔表示电压监测设备维护

学习目标 ▶▶▶

① 掌握道岔表示电压监测的监测对象；
② 掌握普通道岔和提速道岔监测点；
③ 掌握监测标准；
④ 会分析常见的监测设备故障。

相关知识 ▶▶▶

一、实现功能

通过对道岔表示电压的监测，在表示继电器不能励磁时，可以分析出道岔表示电路中的故障点。如室内断线、室外断线、室外混线、二极管短路、继电器断线、电容断线、电容短路、表示保险熔断等故障。

二、监测对象与监测点

道岔表示电压的监测对象是道岔表示继电器的交流电压和直流电压，其监测点是分线盘的道岔表示端子。如图 2-9-1 所示。

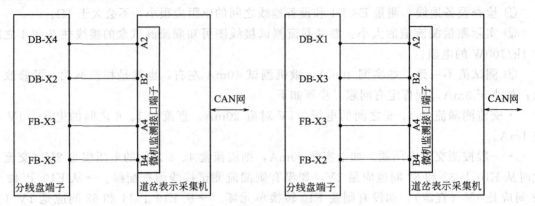

图 2-9-1 道岔表示电压监测点

① 提速道岔表示电压监测点：定表电压采样位置为分线盘 X2、X4，反表电压采样位置为分线盘 X3、X5。

② 普通道岔表示电压监测点：道岔定表电压采样位置为分线盘 X1、X3，道岔反表电压采样位置为分线盘 X2、X3。

三、监测原理及处理流程

监测线将监测的电压信息直接送与道岔表示电压采集器，道岔表示电压采集器原理流程图如图 2-9-2 所示。

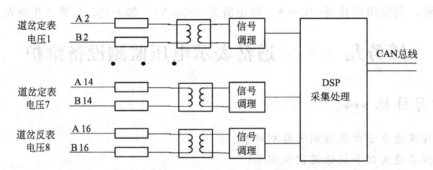

图 2-9-2 道岔表示电压采集器原理流程图

采集器对采样到的电压信号经过高阻模块隔离后，进行隔离转换，通过信号调理，运放电路进行低通滤波，再经过程序的处理分离出信号中的交流成分和直流成分，并通过计算得到信号的直流值和交流有效值，最后通过 A/D 转换，经 DSP 处理后通过 CAN 总线上送至站机进行显示及存储。

四、设备维护

道岔表示电压采集器，采用继电器外形封装。

正常情况下，面板上的电源灯常亮，工作灯秒闪，主/备灯和故障灯灭灯，收灯、发灯闪烁。每块道岔表示电压采集器可采集 2 组道岔的 4 路表示电压。

电源灯灭灯时，首先查看该采集板所在组合相应的采集机电源是否正常。若采集机电源工作正常，如果其他灯均正常，则是该灯故障，不影响正常使用；如果其他灯灭灯或常亮，

项目二 信号微机监测设备维护

则为该采集板故障,需更换。

更换新板卡时请确认:①采集机程序已经正确写入该采集器;②板卡各短路块跳线与先前跳线一致,即跳为工作模式。

配线图如下所示:

		C3组合--D2		
	道岔名称	道岔表示采样端子 B	道岔表示采样端子 A	
1	101/103 DB	C层02-16	F1-1001-1	1
2	FB	F1-1001-2	F1-1001-3	2
3	105 DB	C层03-2	F1-1002-1	3
4	FB	F1-1002-2	F1-1002-3	4
5	107 DB	C层03-4	F1-1003-1	5
6	FB	F1-1003-2	F1-1003-3	6
7	109/111 DB	C层03-6	F1-1004-1	7
8	FB	F1-1004-2	F1-1004-3	8
9	113 DB	C层03-8	F1-1005-1	9
10	FB	F1-1005-2	F1-1005-3	10
11	115 DB	C层03-10	F1-1006-1	11
12	FB	F1-1006-2	F1-1006-3	12
13	117 DB	C层03-12	F1-1007-1	13
14	FB	F1-1007-2	F1-1007-3	14
15				15
16				16

			C3组合--D2		
		名称	分线盘端子 B	分线盘端子 A	
1					1
2	1	DB	C层02-16	F1-1001-1	2
3					3
4	1	FB	F1-1001-2	F1-1001-3	4
5					5
6	3	DB	C层03-2	F1-1002-1	6
7					7
8	3	FB	F1-1002-2	F1-1002-3	8
9					9
10	5	DB	C层03-4	F1-1003-1	10
11					11
12	5	FB	F1-1003-2	F1-1003-3	12
13					13
14	7	DB	C层03-6	F1-1004-1	14
15					15
16	7	FB	F1-1004-2	F1-1004-3	16

五、故障处理

① CAN通信中断,道岔表示电压测试值显示未知,可能原因如下。

· 道岔表示电压采集板故障,故障灯亮,通信中断,复位或更换道岔表示电压采集板。

· HHCAN.INI错误,修改数据。

② 某路道岔表示电压直流、交流电压全无测试值,可能原因如下。

· 采样线中断,查采样线。

· 道岔表示电压采集板故障,更换道岔表示电压采集板。

③ 某路道岔表示电压直流电压正常、交流电压无测试值或交流电压正常、直流电压无测试值:道岔表示电压采集板故障,更换道岔表示电压采集板。

任务十 ●●● 列车主灯丝断丝监测设备维护

学习目标 ▶▶▶

① 掌握监测的监测对象;

② 掌握监测点;

信号微机监测

③ 掌握监测标准；
④ 会处理常见的监测设备故障。

 相关知识 ▶▶▶

列车主灯丝断丝监测可分为智能灯丝报警设备和普通灯丝报警设备两种情况。智能灯丝指的是车站固有灯丝报警设备本身就可对每一架信号机的断丝情况进行报警，然后通过串口或 CAN 通讯接口将报警结果传送给微机监测系统，微机监测系统只负责对该信息的同步报警和记录。本任务介绍普通灯丝断丝报警监测。

一、实现功能

对全站列车信号的主灯丝状态进行实时监督、报警并记录，由绝缘漏流测试采集板完成。

二、监测对象及监测点

监测对象为主灯丝状态，监测点为信号机灯丝转换继电器落下接点。

三、监测处理流程

监测处理流程如图 2-10-1 所示。

当信号机主灯丝断丝时，信号机灯丝转换继电器落下接点将测试电阻串入监测回路，在灯丝测试板上产生一个直流分压，即取样电压。不同的信号机发生主灯丝断丝时，由于接入的测试电阻不同，产生的取样电压也不同，经 A/D 转换后，采集机根据不同的电压数值确定哪架信号机主灯丝断丝。

监测电路是嫁接在原灯丝断丝报警电路中的，首先要保证测试电路不影响原报警电路的正常工作。所以在平时情况下，即不进行微机测试时原报警回路在 X1、X1′、X2、X2′处通过测试继电器 JB0 落下接点沟通；而在室外新加的测试电阻并联有二极管，二极管的正极接报警电源的正极 Z，二极管的负极接报警电源的负极 F。这样，由于二极管的单向导电性使得并联的测试电阻不起作用，故不影响原报警电路的特性。

当发生主灯丝断丝时，原报警电路的灯丝报警继电器吸起，监测主灯丝断丝的开关量有效，立即启动采集机开关量输出（由绝缘漏流测试采集板的第 39、40 路输出）使采集板专设的灯丝报警继电器 JB0 吸起，JB0 吸起后断开原报警电路，接通监测电路，即进入测试状态（时间大约 3~5s）。

测试时 JB0 吸起，暂时断开原报警电路，同时将测试板上的测试电源加至原报警电路的室外部分。设计测试电源的极性正好与原报警电源的极性相反，即平时，X1 为 Z，X2 为 F；而微机测试时 X1 为 −12V、X2 为 12V。这样，微机测试时因为二极管反向不导通，就将测试电阻 R 串接在测试回路中。

测试电压加至测试电阻和测试板分压电阻上，分压电阻上的直流分压即为采样电压，该采样电压经过量化处理后经过绝缘漏流测试采集板端子送入 CPU 进行 A/D 转换。不同的信号机主灯丝断丝接入的测试电阻不同，故分压也不同，采集机判别电压数值不同，从而确定哪架信号机主灯丝断丝。

站内灯丝报警电路不尽相同，有并联形式的，有串联形式的。

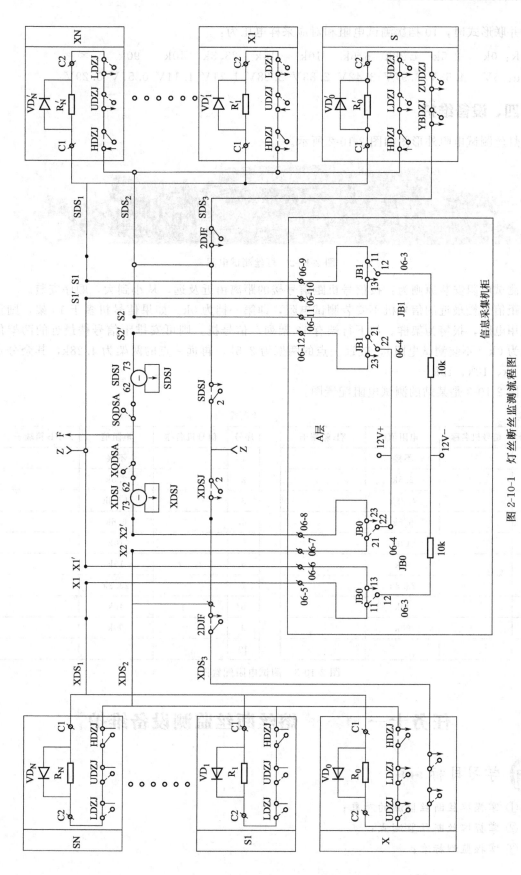

图 2-10-1 灯丝断丝监测流程图

并联形式时，10挡次测试电阻和对应采样电压为：

R：0k　2.5k　4.28k　6.6k　10k　15k　23.3k　40k　90k　∞

u：5V　4.53V　3.97V　3.42V　2.83V　2.28V　1.71V　1.14V　0.57V　0.29V

四、设备维护

灯丝测试电阻外形图如图2-10-2所示。

图2-10-2　灯丝测试电阻

测试电阻安装原则为：按信号机距信号楼的距离由近及远，从小到大，顺序安装。

距信号楼最近的信号机不安装测试电阻，即第一挡为0k。如果信号机多于10架，则重复使用电阻，报警为架群。如下行端有13架列车信号机，则可安排距信号楼最近的两架信号机为0k（不装测试电阻），较远一点的两架为2.5k，再远一点的两架为4.28k，其余分别为6.6k、10k、15k……

图2-10-3是某站的测试电阻配置图。

下行端

序号	信号机名称	电阻值	XB箱端子
1		不接	
2		2.5k	
3		4.28k	
4		6.6k	
5		10k	
6		15k	
7		23.3k	
8		40k	
9		90k	
10			

上行端

序号	信号机名称	电阻值	XB箱端子
1		不接	
2		2.5k	
3		4.28k	
4		6.6k	
5		10k	
6		15k	
7		23.3k	
8		40k	
9		90k	
10			

图2-10-3　测试电阻配置图

任务十一　●●●　熔丝断丝监测设备维护

学习目标▶▶▶

① 掌握熔丝断丝监测的对象；

② 掌握熔丝断丝监测点；

③ 掌握监测标准；

④ 会分析常见的监测设备故障。

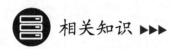 相关知识 ▶▶▶

一、实现功能

熔丝断丝报警的监测是为了监测信号机械室内各组合架上的相关熔丝情况,当出现熔丝断丝时,及时将对应断丝位置信息显示在监测终端上。

二、监测对象及监测点

使用电气集中的车站机械室,绝大部分都安装了多功能熔丝单元,而且大多配套加装了报警设备,所以微机监测系统没有必要对每个熔丝的状态进行监测,可根据具体情况采取下列三种方式。

① 只监督控制台总熔丝报警状态,实时记录总熔丝报警和恢复时间,并通过主机屏幕显示和报警,通知值班人员处理。

② 采集机械室排架熔丝报警条件,实时判别记录故障熔丝的排架位置,并通知值班人员处理。

③ 对没有安装多功能熔丝单元的控制台,对电源屏中的熔丝采用固态光隔模块逐个采样监视,实时判别记录到位,熔丝断丝后通知值班人员及时处理。

三种方式的熔丝断丝监测信息均接入综合采集机开关量采集板,由综合采集机进行巡检处理。

通常采用第二种方式,从机械室既有熔丝报警电路排架灯处,取出表示灯条件,实时判别记录熔丝断丝的排架位置,并通知值班人员处理。

三、监测处理流程

采样电路示意图如图 2-11-1 所示。

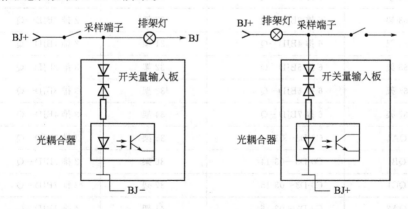

图 2-11-1 熔丝断丝采样电路

各站熔丝报警电路根据设计结构不同,可分为 5 种:电路电源为直流 12V;电路电源为直流 24V;电路电源为直流 50V;公共电源线为正;公共电源线为负。必须根据报警电路不同的结构,选择电路组件的数值。

例如稳压管和限流电阻根据报警电源的电压值确定:

① 报警电源为24V，则稳压管为12V，电阻为6.8kΩ。
② 报警电源为12V，则稳压管为6.2V，电阻为3.3kΩ。
③ 报警电源为50V，则稳压管为12V，电阻为36kΩ。

四、设备维护

熔丝断丝的监测由综合采集机完成，综合采集机的第2，3块板D2、D3位置为熔丝断丝开关量输入板，其最大容量为96路。配线图如下。

		C1 组合—D2			
	B			A	
1	名称	采样位置	名称	采样位置	1
2	44架	4排4BJD—Q	11架	1排1BJD—Q	2
3	45架	4排5BJD—Q	12架	11排2BJD—Q	3
4	46架	4排6BJD—Q	13架	11排3BJD—Q	4
5	47架	4排7BJD—Q	14架	10排4BJD—Q	5
6	51架	5排1BJD—Q	15架	10排5BJD—Q	6
7	52架	5排2BJD—Q	16架	10排6BJD—Q	7
8	53架	5排3BJD—Q	17架	10排7BJD—Q	8
9	54架	5排4BJD—Q	21架	2排1BJD—Q	9
10	55架	5排5BJD—Q	22架	2排2BJD—Q	10
11	56架	5排6BJQ	23架	2排3BJD—Q	11
12	57架	5排7BJD—Q	24架	2排4BTD—Q	12
13	61架	6排1BJD—Q	25架	2排5BJD—Q	13
14	62架	6排2BJD—Q	26架	2排6BJD—Q	14
15	63架	6排3BJD—Q	27架	2排7BJD—Q	15
16	64架	6排4BJD—Q	31架	3排1BJD—Q	16
17	65架	6排5BJD—Q	32架	3排2BJD—Q	17
18	66架	6排6BJD—Q	33架	3排3BJD—Q	18
19	67架	6排7BJD—Q	34架	3排4BJD—Q	19
20	QA1	C0-D3—03-13	35架	3排5BJD—Q	20
21	QB1	C0-D3—03-14	36架	3排6BJD—Q	21
22	QC1	C0-D3—03-15	37架	3排7BJD—Q	22
23	QA2	C0-D3—03-16	41架	4排1BJD—Q	23
24	QB2	C0-D3—03-17	42架	4排2BJD—Q	24
25	QC2		43架	4排3BJD—Q	25
26	报警公共线	C1—D3—A25	报警公共线		26
27			综合24V—	C1—D4—A26	27

任务十二 ●●● 环境状态的模拟量监测设备维护

学习目标 ▶▶▶

① 掌握环境状态监测的监测对象；
② 掌握监测用传感器功能；
③ 掌握监测标准；
④ 会处理常见的监测设备故障。

相关知识 ▶▶▶

一、实现功能

对可能会影响机械室内设备安全运行的一些环境信息（如温度、湿度、烟雾、水浸、玻璃破碎、门禁报警、电源屏和市电信息、环境调节设备工作情况等）进行监测。当机械室环境监控子系统监测到温/湿度值超出预定值时启动环境调节设备（如空调、风机等），如果出现火灾、水灾等自然灾害及门禁报警和玻璃破碎等人为侵入时及时向监控中心发出报警信息，并在本地启动声光报警。机械室环境监控子系统具有用图像监视能力，可以向监控中心传送机械室内图像或实时视频信息。

二、监测对象及监测点

1. 空调

主要监测空调工作的电压、电流以及空调附近环境的温度与湿度。电压及电流监测点一般为空调工作电源的空开或墙壁插座处；温度及湿度的监测点为空调附近的环境温度与湿度。

2. 环境信息

① 温度湿度：主要监测关键区域或设备的温度与湿度。监测点一般为微机监测机柜内、电源屏变压器或发热量较大的散热片处。

② 烟雾报警：监测区域内若烟雾浓度达到报警门限时，会产生烟雾报警，此报警为开关量。该传感器一般安装在被监测区域的天花板的正中央，其监测点为整个被监测区域。

③ 明火报警：监测区域内若有明火产生且持续一定时间（时间为0.2s、1s、6s、30s可调），则会产生明火报警，此报警为开关量报警。

④ 水浸报警：被监测空调如果漏水产生则产生报警，此报警为开关量报警。该传感器一般安装在被监测区域的天花板的正中央，其监测点为整个被监测区域。

⑤ 门禁报警：被监测的门如果被打开则产生报警，此报警为开关量报警。其监测点为对应门的活动扇。

⑥ 红外报警：被监测区域内如果有移动物体则产生报警，此报警为开关量报警。其监测点为对应门的进出通道处。

⑦ 玻破报警：被监测区域内如果有玻璃被击碎则产生报警，此报警为开关量报警。其监测点为被监测区域内的所有玻璃。

3. 视频信息

通过摄像头将机械室内的图像上传给监控中心。

三、监测处理流程

监测结构图如图 2-12-1 所示。

各种传感器将需要测量的非电量转换为电量信息，送与环境处理机处理。

电压监测：空调工作电压引入空调监控器，经高阻降压、运算放大、精密整流、再运算放大后进行 A/D 转换，经 CPU 处理后通过总线送至站机进行显示、存储等。

电流监测：空调工作电流引入空调监控器，经电流传感器感应输出的电流信号，经 I/V 转换后进行 A/D 转换，经 CPU 处理后通过总线送至站机进行显示、存储等。

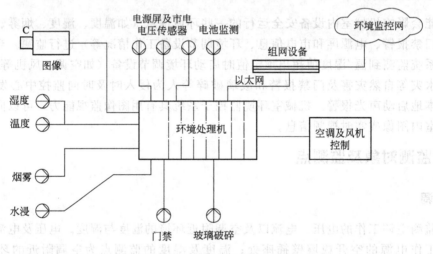

图 2-12-1　环境监控结构示意图

四、设备维护

采集机柜环境监测采集机组匣如图 2-12-2 所示。所用设备 06 型开出板、06 型正开入板、06 型模入板（电流型）。

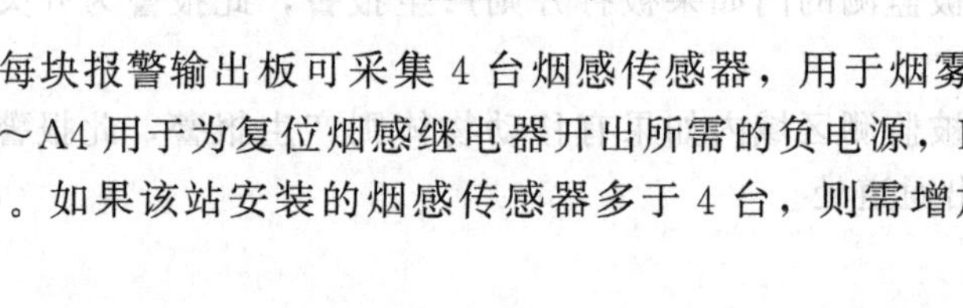

图 2-12-2　环境监控采集机组匣

① 报警输出板：每块报警输出板可采集 4 台烟感传感器，用于烟雾报警后对烟感继电器的复位（其中，A1~A4 用于为复位烟感继电器开出所需的负电源，B21~B24 用于监测烟雾传感器工作电源）。如果该站安装的烟感传感器多于 4 台，则需增加一块报警输出板。

通常情况下，一个站只需要一块报警输出板，就可以满足监测要求。

② 报警输入板：每块报警输入板可采集 48 个报警开关量，用于各开关量报警的监测。如果该站安装的设备，其报警开关量超过 48 个，则须增加一块报警输入板。通常情况下，一个站只需要一块报警输入板，就可以满足监测要求。

③ 温湿度采集板：每块温湿度采集板可采集 48 路模拟量，用于所有温度、湿度模拟量的采集。如果该站安装的温度、湿度模拟量超过 48 路，则须增加一块温湿度采集板。通常情况下，一个站只需要一块温湿度采集板，就可以满足监测要求。

任务十三 ●●● 开关量监测

学习目标 ▶▶▶

① 掌握开关量监测的监测对象；
② 掌握开关量监测点；
③ 会处理常见的监测设备故障。

相关知识 ▶▶▶

一、实现功能

实时监测控制台、人工解锁按钮盘全部按钮的操作（包括进路操作按钮、铅封按钮和单操按钮）。记录按钮按下时间、闭合时间和按下次数。

记录控制台盘面上进路、闭塞主要设备以及行车运行等表示信息。

采集关键继电器及相关继电器（1DQJ、FMJ、CJ、DGJ 等）的状态，记录值班人员的操作，为实现进路跟踪和故障诊断提供原始状态数据。

微机联锁维修机提供的其他开关量信息。

二、监测对象及监测点

（一）监测对象

① 控制台盘面上所有股道、区段、道岔、信号机的表示灯。
② 控制台盘面上所有按钮表示灯。
③ 控制台盘面上关键设备表示灯及其他重要信息表示灯（如主、副电源表示灯，半自动及自动闭塞表示灯，各类照查表示灯等）。
④ 控制台盘面上重要按钮等。
⑤ 微机联锁机的维修机。

（二）监测点

列、调车按钮状态原则上采集按钮的空接点。无空接点时，可从按钮表示灯电路采集；对于列、调车按钮继电器有空接点的，可从该空接点采集；有半组空接点的，可用接点状态采集器采集。

其他按钮状态原则上从按钮表示灯电路采集，无表示灯电路时，可从按钮空接点采集。控制台所有表示灯状态从表示灯电路采集；集中式自动闭塞的区间信号机点灯和区间轨道电路占用状态，从移频接口电路采集。

根据系统软件实现监测功能的需要，具体选定功能性关键继电器进行采集。原则上从关键继电器空接点采集；只有半组空接点的，可采用接点状态采集器采集。

三、监测处理流程

① 对一般表示灯的采集流程图如图 2-13-1 所示。

图 2-13-1　一般表示灯采集

② 对 KZ 电源点亮的表示灯的采集流程图如图 2-13-2 所示。

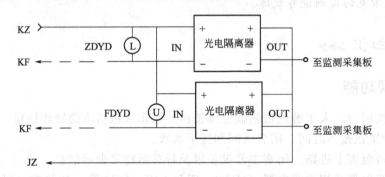

图 2-13-2　KZ 电源点亮的表示灯采集

③ 对按钮继电器空接点的监测流程图如图 2-13-3 所示。一般采集平时无电的接点。

图 2-13-3　按钮继电器监测　　　　图 2-13-4　线包励磁电压监测

④ 监测线包励磁电压流程图如图 2-13-4 所示。

⑤ 微机联锁车站的开关量信息。联锁维修机通过串口送给微机监测站机，经过程序转换后进行显示及存储等。对于不能通过联锁上送的开关量信息或关键继电器状态则采用上述采样方法进行单独采集。

四、设备维护

开关量监测所用采集板设备为 06 型正开入板，每块开入板可采集 48 个开关量信息，A25 和 B25 端子经采集板上联过，做为采集板开关量采集公共地线。

超过48个开关量信息采集时需增加一块开入板。

开关量采集板配线图如下所示。

		C1 组合—D14			
		B		A	
	名称	室内分线盘或组合架零层	名称	室内分线盘或组合架零层	
1	D1GJ	16-703-12	XIIAGJ	14-901-12	1
2	D2GJ	16-601-12	5/25GJ	14-902-12	2
3	D3GJ	16-602-12	25/35GJ	14-903-12	3
4	D66GJ	16-603-12	5DGJ	14-801-12	4
5	D64GJ	16-501-12	19-21DG1J	14-701-12	5
6	D58GJ	16-502-12	19-21DG2J	14-702-12	6
7	D56GJ	16-503-12	19-21DG3J	14-703-12	7
8	D54GJ	16-401-12	25DGJ	14-401-12	8
9	D52GJ	16-402-12	31-33DG1J	14-301-12	9
10	SSJGJ	16-403-12	31-33DG2J	14-301-12	10
11	10DGJ	16-301-12	31-33DG3J	14-303-12	11
12	12DGJ	16-302-12	35DG1J	14-201-12	12
13	14DGJ	16-303-12	35DG2J	14-202-12	13
14	16DGJ	16-201-12	110-111DG1J	14-101-12	14
15	24DGJ	16-202-12	110-111DG2J	14-102-12	15
16	36DGJ	16-203-12	110-111DG3J	14-103-12	16
17	38DG1J	16-101-12	JWGJ	16-901-12	17
18	38DG2J	16-102-12	D4GJ	16-902-12	18
19	46DG1J	15-901-12	16/101GJ	16-903-12	19
20	46DG2J	15-902-12	12/58GJ	16-801-12	20
21	50DGJ	15-903-12	16/58GJ	16-802-12	21
22	52DG1J	15-801-12	D32GJ	16-803-12	22
23	52DG2J	15-802-12	D46GJ	16-701-12	23
24	54DG1J	15-701-12	D48GJ	16-702-12	24
25	专用24V—		专用24V—	C1-D10-B12 C1-D15-A25	25

五、故障处理

（1）微机联锁站开关量信息不正常，可能原因及参考处理如下

① 接口通信线故障：检查联锁维修机与站机接口。

② 检查微机联锁维修机工作状态，重启维修机。

③ 检查接口或接口卡工作状态。

④ 数据错误。

（2）6502站开关量信息不正常，可能原因及参考处理

① 开入板故障，故障灯亮，更换开入板。

② 开入板电源环线不良，检查相应电源环线。

③ 采样线中断或错误，校正采样线；空接点采样时，中接点电源环线中断。

④ 需要光电模块隔离的开关量，检查模块是否正常，模块电源环线。

⑤ digit.ini 文件与站场图文件编辑是否有错误。

（3）站场图光带显示与设备实际情况不一致

① 控制台光带亮而微机上光带不亮。首先依据开关量采样配线图，检查机柜采样位置是否有电压（交流 24V）。如无电压，为采样线断线；如有电压，再查开入板上数据位表示灯是否点亮，未点亮，为开入板问题。

② 控制台信号灯点红灯而微机点绿灯：可能为采样线配线错误。依据开关量采样配线图，检查机柜采样位置是否有电压。

③ digit.ini 文件与站场图文件是否有异常。

④ 利用回放功能，查看异常信息。

任务十四 ●●● 监测接口

 学习目标 ▶▶▶

① 掌握使用接口方式监测的监测对象；
② 掌握通信接口类型；
③ 会处理常见的监测设备故障。

 相关知识 ▶▶▶

一、与计算机联锁（CBI）接口

计算机联锁（CBI）系统的接口，是在计算机联锁（CBI）维护机和微机监测系统站机上实现的。如图 2-14-1 所示。

微机监测站机、CBI 维护机之间采用 RS422 接口连接，采用隔离转换器（箱）进行隔离；与监测系统的通信周期≤1s。维修机开关量采样周期小于等于 150ms，变化信息存储并上发。由计算机联锁维护台单向发送，监测系统接收。

二、与列控（TCC）接口

列控中心与微机监测系统的接口，是在列控系统内部的维护机和监测系统站机上实现的。如图 2-14-2 所示。

图 2-14-1 联锁接口　　　　　　图 2-14-2 与列控接口

列控系统内部的维护机向微机监测站机提供全体列控地面子系统设备监测数据服务，定义列控内部的维护机为服务端，微机监测站机为客户端。

微机监测站机、列控维护机之间采用 RJ45 以太网接口连接，连接电缆采用超五类网线。接口数据传输采用 TCP/IP 传输协议，双方的 IP 地址设定由微机监测在监测局域网内统一分配。由列控维护机建立服务端，微机监测站机作为客户端连接该服务端，从而建立 TCP 连接，开始数据交互。

监测站机每 1s 向服务端发送心跳帧，并接收服务端发送的心跳帧和数据帧信息。超过 30s 没有接收到任何信息时，监测站机则判断连接中断，主动断开 TCP 连接并重新连接。

列控维护机在与微机监测站机的连接建立后，自主发送心跳帧和数据帧信息。

三、与移频（ZPW2000）接口

与 ZPW2000 的接口，是在 ZPW2000 的维护机和监测系统站机上实现的，如图 2-14-3 所示。

ZPW2000 的维护机向微机监测站机提供全体列控地面子系统设备监测数据服务，定义 ZPW2000 的维护机为服务端，微机监测站机为客户端。

微机监测站机、ZPW2000 维护机之间采用 RJ45 以太网接口连接，连接电缆采用超五类网线。接口数据传输采用 TCP/IP 传输协议，双方的 IP 地址设定由微机监测在监测局域网内统一分配。由 ZPW2000 维护机单向发送，监测系统接收。

四、与智能电源屏接口

与智能电源屏的接口，是在监测系统站机和智能电源屏监测单元上实现的，如图 2-14-4 所示。

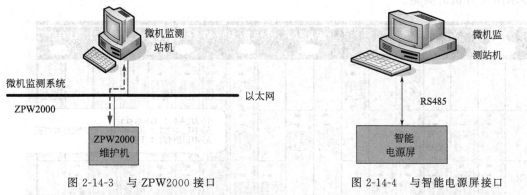

图 2-14-3　与 ZPW2000 接口　　　　图 2-14-4　与智能电源屏接口

智能电源屏向微机监测站机提供电源屏的相关信息，定义智能电源屏为服务端，微机监测站机为客户端。

微机监测站机、智能电源屏之间采用 RS485 进行连接。采用隔离转换器（箱）进行隔离，与监测系统的通信（周期 ≤1s）。变化信息存储并上发。由智能电源屏系统单向发送，监测系统接收。

五、与智能灯丝接口

与智能灯丝的接口，是在监测系统站机和智能灯丝监测单元上实现的，如图 2-14-5 所示。

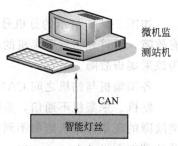

图 2-14-5　与智能灯丝接口

信号微机监测

智能灯丝向微机监测站机提供灯丝报警的相关信息。

微机监测站机、智能灯丝之间采用 CAN 进行连接。采用 CAN 总线网络进行通信。

与监测系统的通信（周期≤1s）。平时发送心跳帧，报警时发送报警信息。由智能灯丝接口灯丝系统单向发送，监测系统接收。

任务十五 ●●● 监测电路典型故障案例分析

学习目标 ▶▶▶

① 掌握站机与各采集机之间通信故障分析方法；
② 掌握计算机故障分析方法。

相关知识 ▶▶▶

一、站机、采集机不通信的故障分析

根据系统状态图判断及处理单块采集板通讯故障，状态图如图 2-15-1 所示。

06 监测的每块采集板即为一个采集分机，06 监测会对每块采集机的实时通信状态进行实时监测，当某一个采集分机通信中断时，系统会进行报警，站场图上对应位置的采集分机的通信状态会由绿变红。平时对采集分机通信状态的检查也可能通过调看系统状态图进行。显示绿色表示通信正常，红色表示通信中断。当用鼠标在对应的采集分机上悬停时，系统会自动显示所处分机的类型。

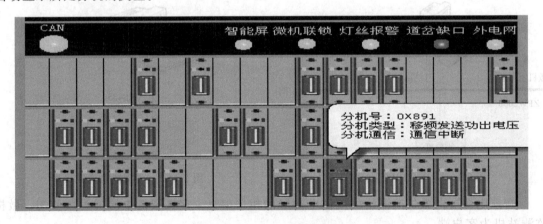

图 2-15-1 系统状态图

如图 2-15-1 所示的分机号为 OX891 的分机即为通信中断，如此即可初步判定该采集板有故障，可首先将该采集机的电源关闭后再重新启动一次，如果仍然还是维持原状即可判定为该采集板故障。

各采集机与站机之间 CAN 接线示意图如图 2-15-2 所示。

站机、采集机不通信，是指工控机看不到一个、多个或所有采集机送到的采集信息。此类故障的现象为站机监测不到相关采集机信息；系统状态图中相关采集机为红色；可能原因及处理如下。

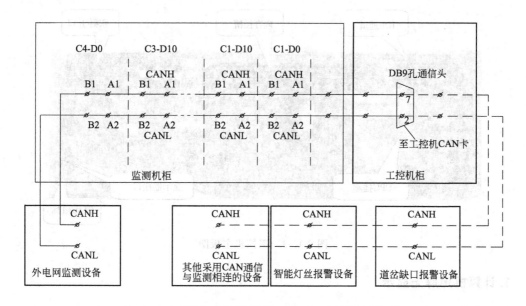

图 2-15-2　采集机与站机之间 CAN 接线示意图

1. 所有采集机的 CAN 通信全部中断

若各采集机工作正常（采集机工作灯秒闪正常），采集机故障灯不亮，发灯亮，收灯不亮，CAN 不通信。故障原因可能为通信线断，此时应检查 C1-D0（或 D10）-A-1 到通信头的 7，C1-D0（或 D10）-A-2 到通信头的 2 中间是否断线。

查看通信头与工控机插接是否良好，或检查总线板与 C1-D0（或 D10）端子之间的通信线是否插接良好，通信头内部线是否脱焊。

CAN 卡故障，更换 CAN 卡。CAN 卡设置错误，重新设置 CMOS 和 CAN 卡跳线。

站机程序问题，重新安装站机程序。

数据错误，HHCAN.INI 错误，根据现场实际采集机修改 HHCAN.INI。

某个采集机故障而影响所有采集机与站机的通信：采集机电源板工作良好，CAN 卡正常，而所有采集机与站机均不通信。此时，可关掉所有采集机电源板，将采集机拔出 2～3cm。然后逐一将采集机插入，再打开电源板开关，观察每个采集机单独工作时通信情况，此时就会发现某采集机不工作或者不通信的现象。

2. 一个或多个采集机 CAN 通信全部中断

① 采集机故障，采集机故障灯亮，更换采集机。

② 采集机程序错误，重新写采集机对应程序或更换采集机。

③ 采集机电源板 5V、5VI 电压不正常。通过看其面板上的 5VI、−12V、12V、5V 或 5VI、−7.5V、7.5V、5V 各表示灯来判断。更换采集机电源。

④ 数据错误，HHCAN.INI 错误，根据现场实际采集机修改 HHCAN.INI。

二、计算机故障分析

工控机主板图如图 2-15-3 所示。

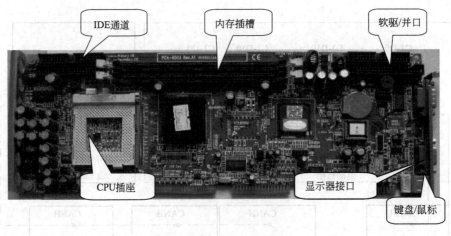

图 2-15-3　工控机主板图

1. 计算机黑屏无显示

打开系统后，显示器黑屏无任何显示，原因可能有以下几个方面。

① 显示器电源开关未打开，电源线松动致使显示器没电。
② 显示器信号输入线与主机接口接触不良。
③ 主机刷新频率不匹配。
④ 主板与工控机底槽松动，接触不良。
⑤ 工控机键盘被锁定。
⑥ 找不到操作系统或硬盘损坏。
⑦ 内存条损坏。
⑧ 工控机电源某一输出电路故障。开机后，无任何显示，也无报警声。

2. 计算机发生"死机"的分析与处理

（1）操作系统崩溃，出现"蓝屏"

主机启动后，出现"蓝底白字"的提示信息，上面为"STOP……"。可以重启工控机，若正常，可能CPU风扇故障，致使CPU散热不良造成；若非CPU风扇故障，可能操作系统有问题，系统文件丢失或硬盘损坏等，只能重新安装操作系统。

（2）操作系统运行正常，在监测程序界面中，用鼠标点击某项菜单或菜单切换时，反映缓慢出现此种现象的原因可能有如下几个方面。

① 操作系统所安装的磁盘剩余空间不足。如果剩余空间较小，及时删除与监测无关的其他文件，也可以再对其进行"磁盘碎片整理"。
② 监测程序所在区，数据占用空间太大，可使用空间不足。可请电务段维护人员适当修正数据存储量，同时进行"磁盘碎片整理"。
③ CPU风扇损坏，只有更换CPU风扇。
④ 微机联锁站，开关量信息不能实时变化，模拟量实时信息正常。
⑤ 微机监测所采集的开关量信息，基本都是由微机联锁维修机提供的，而模拟量是由采集机提供的。出现上述故障后，应先观察联锁维修机平面图信息，若其不能实时变化，则监测系统的平面图开关量信息也就不能实时变化，说明联锁维修机"死机"。

3. 开机后，主机不能通过自检

开机后，一直"嘀……"长声音报警，不能进入系统。故障原因为内存条与主板插接不良，打开机箱，将内存条重新拔插。

 习题 ▶▶▶

2-1 简述电源屏监测对象及监测点，并说明监测标准。
2-2 简述外电网监测对象及监测点，并说明与本监测有关的报警内容及级别。
2-3 简述信号机点灯回路电流监测的监测点，并说明使用了哪些监测设备。
2-4 简述 25 Hz 轨道电路监测对象及监测点，并说明监测标准。
2-5 简述高压脉冲不对称轨道电路监测对象及监测点。
2-6 简述转辙机监测对象及监测点，并绘出正常动作电流曲线。
2-7 简述开关量监测对象及监测点选择原则，及需要使用的监测设备。
2-8 画出 480 轨道电路监测信息处理流程。
2-9 简述采集机柜 C0 组合及各部分作用。
2-10 分散采集设备如电流传感器、接点状态采集器等的工作电源由谁提供？
2-11 简述轨道电路采集板上指示灯名称及正常状态。
2-12 简述道岔采集板上指示灯名称及正常状态。
2-13 简述采集机中总线板的作用。
2-14 简述采集机中电源板的种类及作用。
2-15 说明采集机柜 E、A、B、C、D 层分别放置了什么设备，有何作用，并画出流程图。
2-16 信号设备中需要测试哪些电缆对地绝缘，电缆对地绝缘是实时测试吗？
2-17 简述采集板的作用。

项目三
信号微机监测系统应用

 项目导引 ▶▶▶

本项目主要学习信号微机监测设备站机的操作,如数据报表的查看,实时数据的测试,日曲线、月曲线、年曲线的调看,绝缘漏流的测试,站机报警信息的调看,历史数据的再现回放,道岔动作电流曲线的分析,轨道电路电压曲线分析,以及轨道电路典型故障案例分析,道岔设备典型故障案例分析等内容。本项目主要分为操作类和典型案例分析类两个任务,通过学习本项目掌握对站机的基本操作和对典型故障案例的分析,掌握分析故障的一般方法,通过调看监测数据辅助分析故障,缩短电务工作人员排除故障的时间,另外通过对监测数据、曲线的调看,可以发现设备故障隐患,及时更换或处理设备,确保信号设备正常运行。

任务一 ●●● 信号微机监测设备站机的日常操作

 学习目标 ▶▶▶

① 掌握站机的数据调看与实时值测试的基本操作;
② 掌握绝缘漏流的测试;
③ 掌握历史数据的再现回放;
④ 会对道岔启动电流曲线的分析;
⑤ 会对轨道电路电压曲线分析。

相关知识 ▶▶▶

一、站机操作界面

站机是车站用来实时监控和测试车站信号设备运用情况的主要系统,是微机监测整个系统的核心的部分,它实现了监测系统的最主要、最核心、最基本的功能。从1985年以来,部分铁路局开始研发信号微机监测系统。到1996年,研制单位已达20多家,先后有200多

98

个车站配备微机监测系统。初期阶段微机监测系统,受技术、经济等方面限制,技术陈旧,精度不高,可靠性差;各局自行研制,缺乏统一标准;技术差异较大,运用状况不佳;各站基本独立,很少集中联网。1997年原铁道部两次组织有关专家对信号微机监测系统进行了大规模调查研究,并在此基础上,制定技术条件,组织联合攻关。攻关组在近六个月的努力下研制开发第一代TJWX-97型信号微机监测系统,随着第一代TJWX-97型信号微机监测设备在现场推广应用,原铁道部和铁路局对信号微机监测系统的重要性有了新的认识。

2000年,原铁道部汇集各铁路局、各院校专家的意见,对原《微机监测系统技术条件》进行了修改和完善,新的技术条件对微机监测系统进行新的定义,并且增加部分必需的功能。原铁道部科教司和运输局基础部决定进行第二次联合攻关,集中各研制单位的20多位技术专家,在第一代TJWX-97型微机监测系统的基础上,开发出第二代TJWX-2000型微机监测系统。原铁道部2006年3月公布新的"信号微机监测系统技术条件",对微机监测系统提出更高的要求。加之,近几年更多铁路信号新设备安装运用,电务段生产力布局调整,管理难度加大,迫切需要进一步提高完善信号微机监测系统技术水平。

2006年河南××科技股份有限公司开发TJWX-2006型信号微机监测系统以新技术条件为依据,采用DSP数字信号处理技术,提高测试精度、测试稳定性,增加并完善监测内容,提高系统可靠性,更好地满足用户需求。2010年原铁道部又颁布了新的"信号微机监测系统技术条件",2010年河南××科技股份有限公司开发2010版的信号集中监测系统。目前研制信号微机监测系统的厂商主要有河南××科技股份有限公司、上海××电信设备有限公司、北京××××技术有限公司等,而铁路系统使用最为广泛的还是2006年河南××科技股份有限公司开发TJWX-2006型信号微机监测系统,不同厂家不同版本的站机操作系统都有很多的相同之处,现以××科技股份有限公司开发TJWX-2006型信号微机监测系统站机系统作为蓝本介绍其操作应用情况。

1. 主窗口

微机监测站机的屏幕显示——人机界面,是以人们熟悉的对话窗方式设计的。信号微机监测系统在正常状态下,显示主画面——"站场监视窗口",如图3-1-1。

主窗口的站场图与信号控制台盘面图相对应,实时监测各种信号设备的工作状态、进路准备状况及列车运行状况。

站场图主窗口上方设有菜单栏和工具栏,分别排列了各种功能菜单和快捷按钮,每项菜单下面还有子菜单,分别代表了显示各种监测数据的报表窗口、曲线窗口和测试窗口。

选取菜单为消息驱动方式,操作人员选择菜单的消息或其他操作的消息由操作系统即刻传送到应用程序,执行意图。

"标题栏"——显示系统信息。
"菜单栏"——列出系统的全部功能。
"工具栏"——列出主要功能的操作快捷按钮。
"站场图"——显示站场图的实时信息,包括信号机、道岔、轨道电路工作状态。
"状态栏"——显示报警提示信息、CAN通信状态、WAN网络通信状态和当前时间。
"系统状态图"——显示监测系统自身工作状态。

2. 站场图

在站场图中实时显示列车的运行情况和关键设备的状态。当鼠标在设备上停留片刻时,

信号微机监测

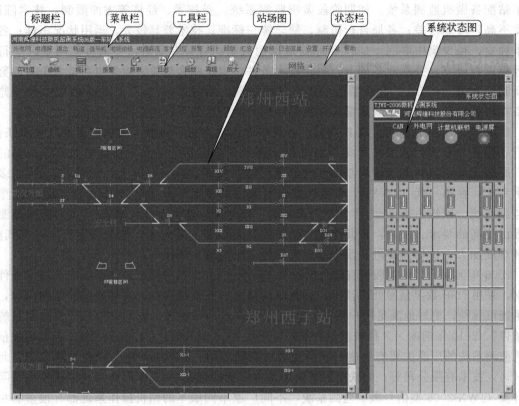

图 3-1-1　站场监视主窗口

会弹出这种设备的提示，如图 3-1-2 所示。

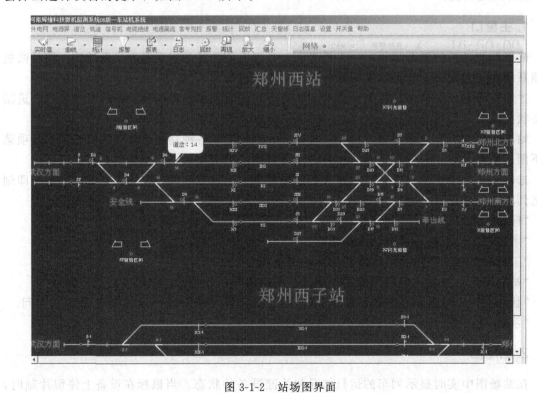

图 3-1-2　站场图界面

3. 系统状态图

系统状态图（图 3-1-3）是用来显示监测系统本身的工作状态的。每个板卡代表当前各个 CAN 分机工作状态，鼠标放在分机上停留片刻，可弹出提示信息，包括分机号、分机类型、分机通信信息。当板卡或智能信号设备通信故障时，相应的板卡或智能信号设备会变红。

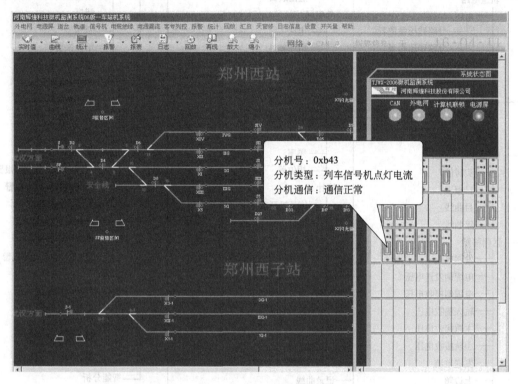

图 3-1-3　系统状态图

4. 菜单目录结构

系统的主菜单按树型结构、下拉式中文菜单分层展开。菜单的层数根据功能的设置各不相同，操作员只需按中文菜单的引导提示顺序操作，就能选到具体的功能窗口，图 3-1-4 为某一个站机系统的菜单目录图，它与其他各站点的菜单目录图不尽一样，可先根据菜单目录图大致了解一下微机监测系统的功能。

二、调阅数据和测试数据方法

每种被监测的设备一般都有实时值、日报表、实时曲线、日曲线、月曲线、年曲线这几种特性中的一种或多种。每种特性都通过特定的对话框表现出来。

1."实时值"对话框

在菜单中选择要查看的被监测的设备。根据菜单中文字的提示找到"实时值"的菜单。比如查看外电网的实时值，如图 3-1-5 所示，点击"实时值"子菜单会弹出图 3-1-6 所示的对话框。

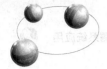

信号微机监测

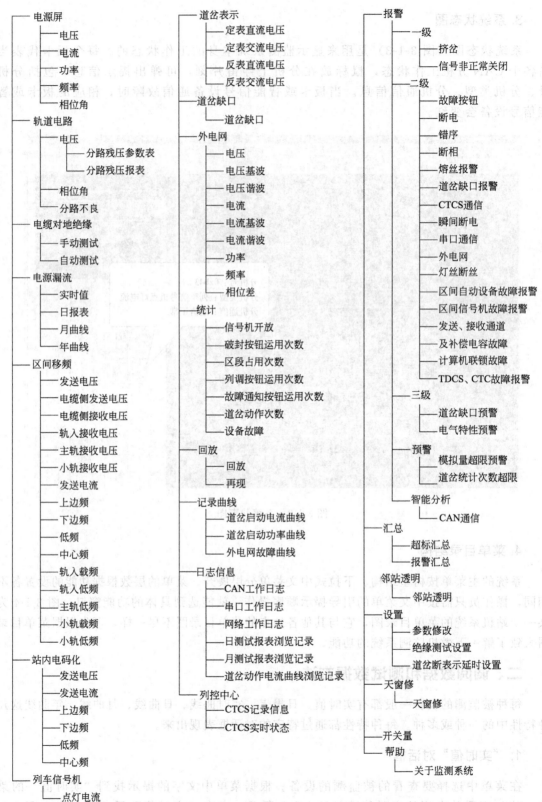

图 3-1-4 2006 微机监测系统菜单目录

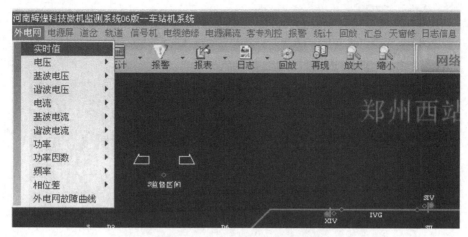

图 3-1-5 “实时值”菜单操作

序号	设备	电压(伏)	基波电压(伏)	谐波电压(伏)	电流(安)	基波电流(安)	谐波电流(安)	功率(千伏安)	功率因数	频率(赫兹)	相位差(度)
1	I路A相	240.0	240.0	2.4	9.2	9.1	0.4	1.9	0.95	49.97	--
2	I路B相	234.7	234.7	0.0	7.3	7.3	0.4	1.5	0.92	49.97	--
3	I路C相	235.8	235.2	4.1	6.6	6.5	0.6	1.3	0.92	49.97	--
4	I路总功率	--	--	--	--	--	--	5.1	--	--	--
5	I路AB	410.1	--	--	--	--	--	--	--	--	119.90
6	I路BC	409.3	--	--	--	--	--	--	--	--	119.93
7	I路CA	409.4	--	--	--	--	--	--	--	--	120.15

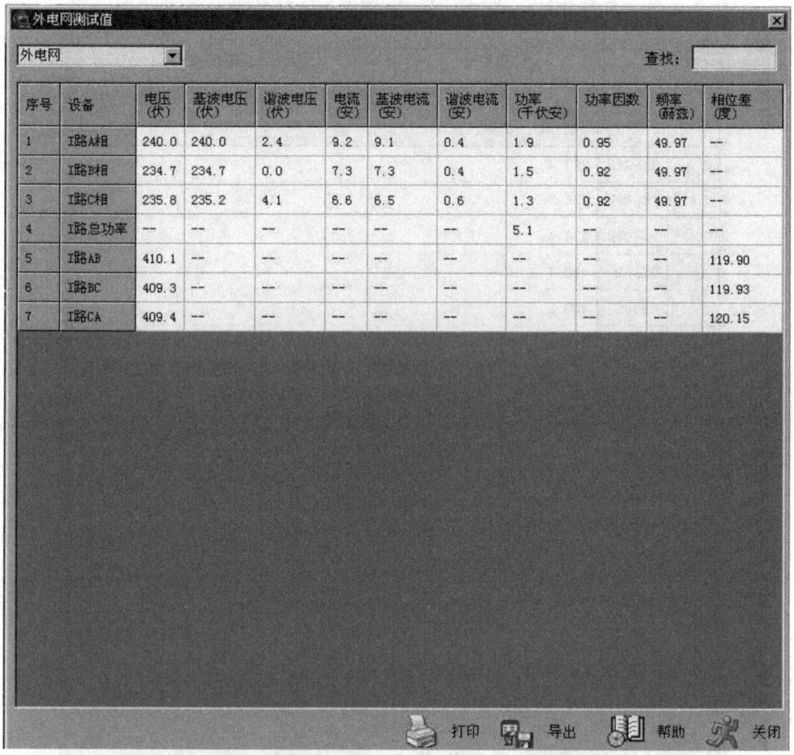

图 3-1-6 外电网实时值测试表对话框

对话框中给出外电网所有参数的实时值，如电压、基波电压、谐波电压、电流、基波电流、谐波电流、功率、功率因数、频率、相位差等，如果想查看某信号设备某一个参数的实时值，可以先选中某个设备某个参数的子菜单，再点击实时值，如外电网电压的实时值，如图 3-1-7 所示。这样就可以得出外电网电压的实时值，如图 3-1-8 所示。

某个信号设备的某个实时值的测试操作通常有以下三种方式。

① 菜单操作，如上面所讲，先点击某个信号设备，再将鼠标移动到相应的参数子菜单上，等出现子菜单后，将鼠标移动到实时值上，点击实时值就可以了。

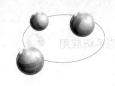
信号微机监测

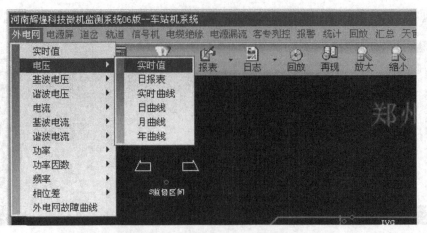

图 3-1-7　电源屏电压实时值操作

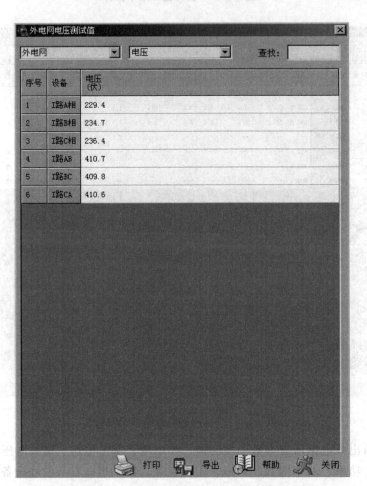

图 3-1-8　外电网电压的实时值对话框

② 工具操作，直接点击工具栏中的实时值工具，如图 3-1-9 所示，会出现一个默认的信号设备的实时值对话框，如图 3-1-6，接着点击对话框左上角的设备下拉框，找到相应的信号设备点击就得到相应设备的实时值了，比如点击信号机，就可以得到信号机的电流实时值，如图 3-1-10 和图 3-1-11 所示。

项目三 信号微机监测系统应用

图 3-1-9 实时值工具栏操作

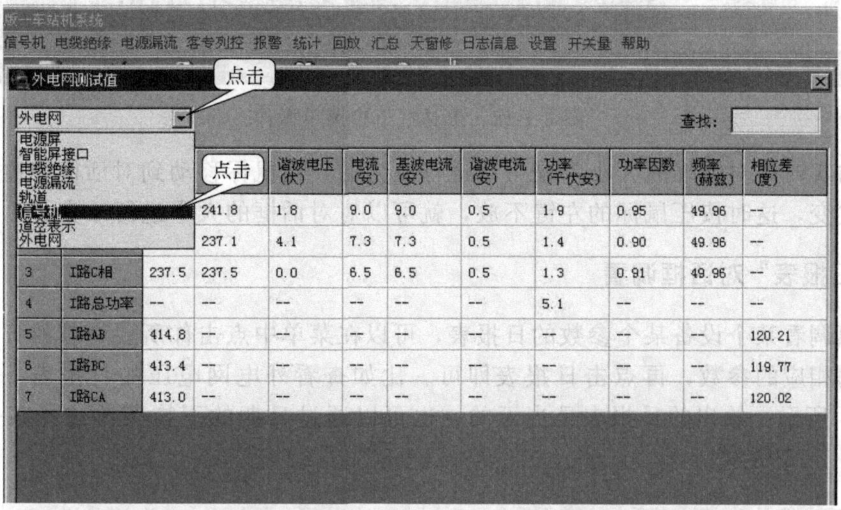

图 3-1-10 实时值的设备选择操作

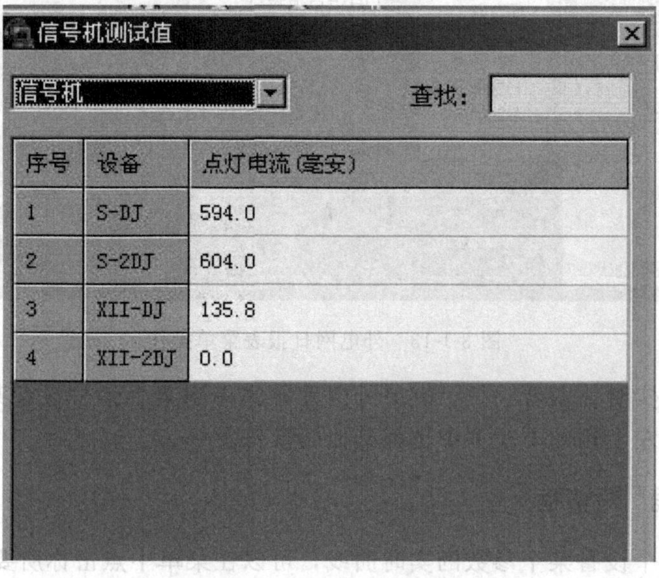

图 3-1-11 信号机的实时值

信号微机监测

③ 工具操作，直接点击工具栏中实时值右边的下拉菜单的倒三角符号，出现相应的信号设备选项，点击相应的设备即可，如图 3-1-12 所示。

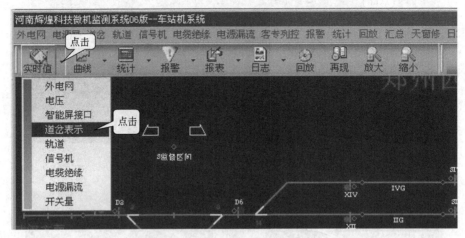

图 3-1-12 工具栏下拉菜单操作

所有的实时值对话框的大小都是可以进行改变的，当鼠标移动到对话框的边框时，形状就会发生改变，这时按压鼠标的左键不放，就可以对对话框的大小进行改变了。

2. "日报表"对话框调看

如果想调看某个设备某个参数的日报表，可以在菜单中点击你所要查看的日报表的设备菜单，找到相应的参数，再点击日报表即可。比如查看外电网电压的日报表，如图 3-1-13 和图 3-1-14 所示。给出的日报表是当天的，也可以通过日期的下拉菜单选择某一天的日报表。如图 3-1-15 所示。

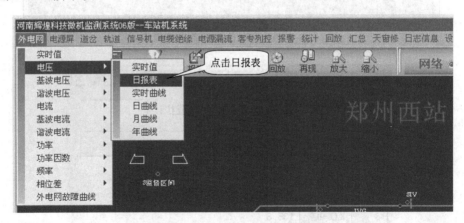

图 3-1-13 外电网日报表菜单操作

同样也可以和实时值调看一样，有另外两种方式得到某个信号设备某个参数的日报表。也可以在此对话框左上角的下拉框中选择其他的设备。

3. "实时曲线"对话框

如果想调看某个设备某个参数的实时曲线，可以在菜单中点击你所要查看的实时曲线的设备菜单，找到相应的参数，再点击实时曲线即可。比如查看外电网电压的实时曲线，在图

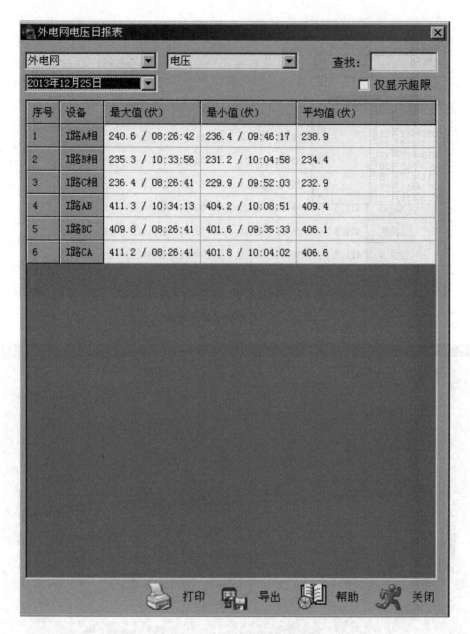

图 3-1-14 外电网日报表测试值

3-1-13 上不点击日报表而点击实时曲线即可,就会得到图 3-1-16 所示对话框。

在实时曲线对话框中可以实时地查看设备运行的趋势图,从而帮助分析设备是否故障或者是否老化。对话框中还提供其他的一些功能,如:可以"暂停"实时趋势图,当发现一些可疑的问题时暂停下来以便分析、打印曲线、导出图片等功能。在此对话框中也可以通过设备类型的下拉菜单选择相应的信号设备,还可以通过设备名称的下拉菜单中选择相应的参数。

4. "日曲线"对话框

如果想调看某个设备某个参数的日曲线,可以在菜单中点击你所要查看的日曲线的设备

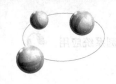

信号微机监测

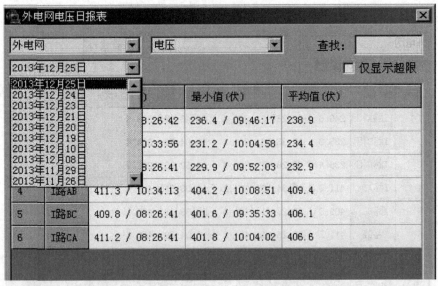

图 3-1-15 日报表日期选择操作

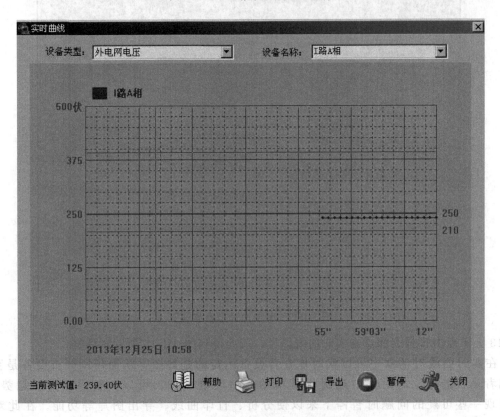

图 3-1-16 外电网电压"实时曲线"对话框

菜单，找到相应的参数，再点击日曲线即可。比如查看外电网电压的日曲线，在图 3-1-13 上不点击日报表而点击日曲线即可，就会得到图 3-1-17 所示结果。

在日曲线中可以以图形的方式查看设备的运行状况，帮助用户分析设备的运行状况。在此对话框中也可以通过设备类型的下拉菜单选择相应的信号设备，还可以通过设备名称的下

项目三 信号微机监测系统应用

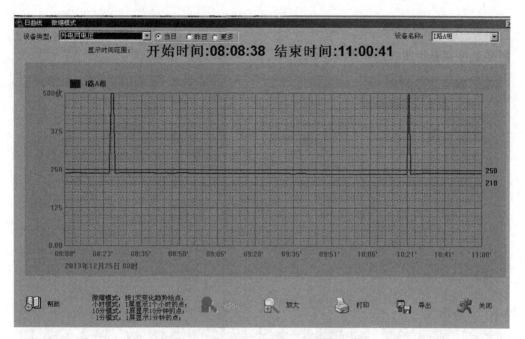

图 3-1-17 外电网电压"日曲线"对话框

拉菜单中选择相应的参数。

5. "月曲线"对话框

同样的操作，可以调看月曲线，如图 3-1-18 所示。

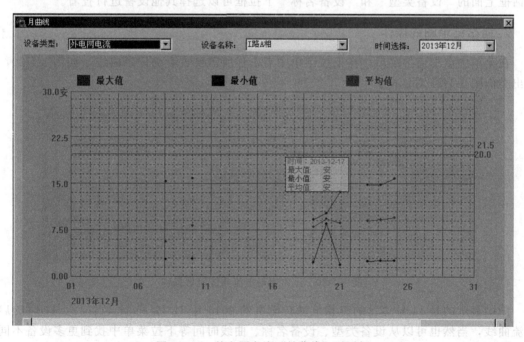

图 3-1-18 外电网电流"月曲线"对话框

在"月曲线"对话框中也是以图形的形式向用户直观的反映设备的运行状况，通过对话框上面的"设备类型"和"设备名称"下拉框可以选择其他设备进行查看。

109

6. "年曲线"对话框

同样也可调看年曲线,如图 3-1-19 所示。

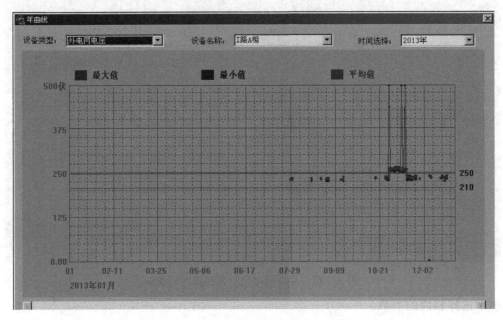

图 3-1-19 外电网电压"年曲线"对话框

年曲线也以图形的方式显示一年设备的使用情况,帮助用户分析设备的运行情况,通过对话框上面的"设备类型"和"设备名称"下拉框可以选择其他设备进行查看。

7. 道岔记录曲线操作

在菜单中点击道岔菜单,在下拉菜单中点击你所需要查看的记录曲线,如图 3-1-20,会弹出类似图 3-1-21 对话框。

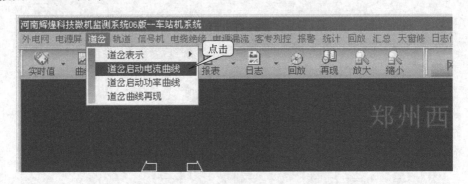

图 3-1-20 道岔启动电流曲线调看操作

图中显示的是 14 号道岔的三相电动转辙机的 2013 年 12 月 25 日 11:12:41 时的启动电流曲线,当然也可以从设备类型、设备名称、曲线时间等下拉菜单中找到更多设备不同时间的启动电流曲线或道岔启动功率曲线,也可以查看摩擦曲线及参考曲线,道岔启动电流曲线窗口显示每组道岔的电流大小曲线及动作时间。

① 保存调看摩擦曲线:可以将某一条曲线保存为摩擦曲线,以供事后调看比较。

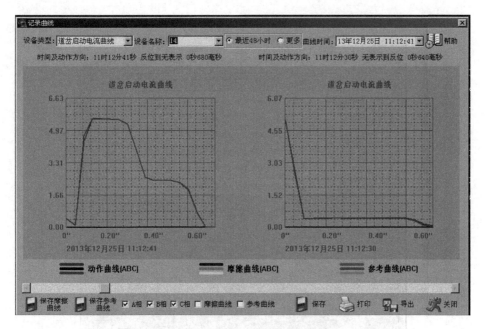

图 3-1-21　道岔启动电流记录曲线

② 保存调看参考曲线：可以将某一条比较良好的曲线保存为参考曲线，以供作为标榜进行比较。

③ 保存：可以将任意一条曲线进行永久保存，其他没有被保存的曲线则进行循环存储，达到最大存储后每保存一条新曲线则将最初保存的曲线删除。而永久保存的曲线在最大存储外额外保存，将永久进行保存显示。

8. 数据的保存、导出、及打印

无论实时值、日报表、实时曲线、日曲线、月曲线、年曲线、道岔记录曲线等的对话框内都有保存、打印、导出等功能，点击保存功能可以把记录的数据或曲线保存在站机的磁盘的某个位置。

点击导出功能，如图 3-1-22、图 3-1-23 可以把报表变为 Excel 表格的进行保存，把曲线导出为 BMP 图像的进行保存，也可以在某个数据报表里单击鼠标右键，选择右键菜单中"导出"，弹出并保存窗口。选择合适路径进行保存数据就可保存成功，如图 3-1-24。导出可以存储到移动存储器上，变成在普通电脑上可以查看的图像或 Excel 表格，如图 3-1-25，以方便不用站机也可以查看分析，在图 3-1-25 双击存储的 Excel 表格 BMP 图像就可以打开保存的数据表格和图片，如图 3-1-26、图 3-1-27 所示，也可以方便把数据进行转存带走。

9. 轨道电路分路残压参数表、分路残压报表的调看及轨道电路分布不良图制作与浏览

对轨道电路提供残压报表制作功能，功能菜单的位置如图 3-1-28 所示。

（1）分路残压参数表　如果选中"分路残压参数表"菜单，会弹出如图 3-1-29 的对话框。

在此对话框中可以对一些参数进行设置，在形成残压报表的时候作为一个基值。

（2）制作残压报表　制作残压报表时的功能菜单类似图 3-1-30，点击"实时值"菜单，然后弹出如图 3-1-31 对话框。

信号微机监测

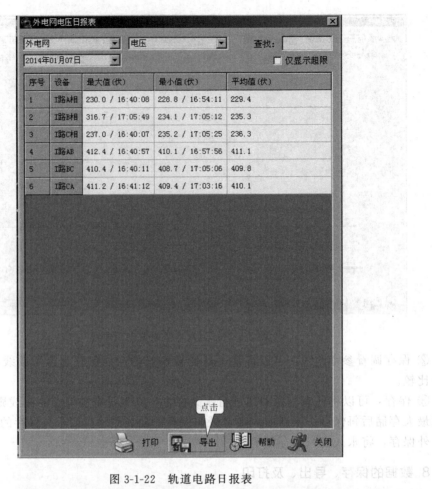

图 3-1-22 轨道电路日报表

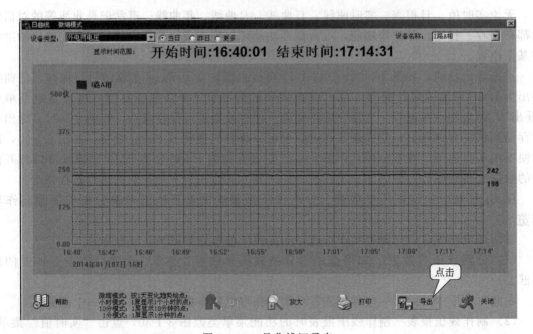

图 3-1-23 月曲线记录表

项目三 信号微机监测系统应用

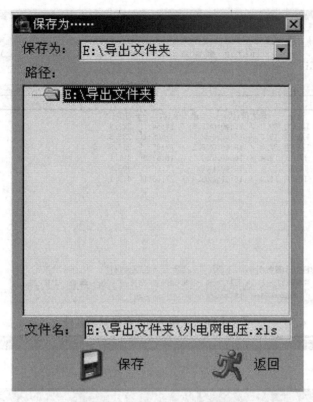

图 3-1-24 存储 Excel 表格菜单

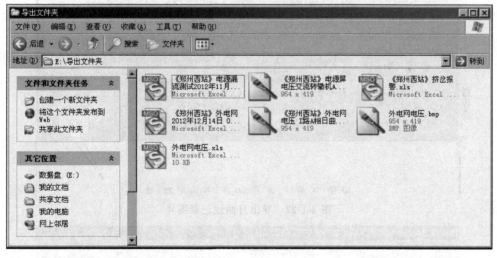

图 3-1-25 导出文件夹

如果需要存为残压的项，先单击左键选中这个设备，然后再单击右键，弹出如图 3-1-31 菜单，然后选择"存为残压"。

需要查看残压报表时，在图 3-1-28 中不点击分路残压参数表而点击分路残压报表就会弹出如图 3-1-32 对话框。

（3）本系统提供了"分布不良位置平面图制作图"的制作功能 相应的功能菜单操作如图 3-1-33。

113

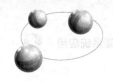

信号微机监测

图 3-1-26 存储 Excel 表格数据文件

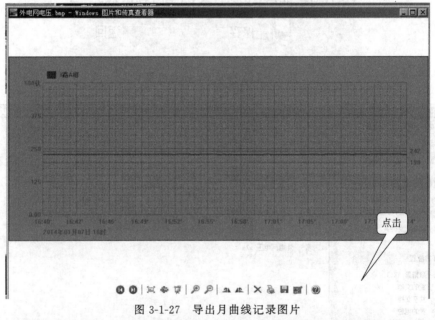

图 3-1-27 导出月曲线记录图片

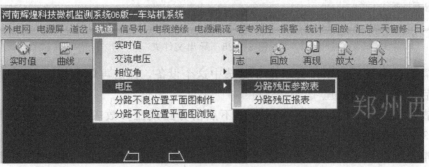

图 3-1-28 轨道电路残压测试功能菜单

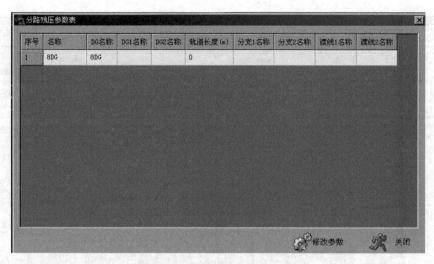

图 3-1-29　分路残压参数表对话框

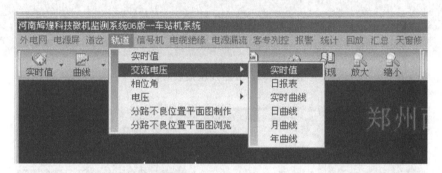

图 3-1-30　制作残压报表菜单

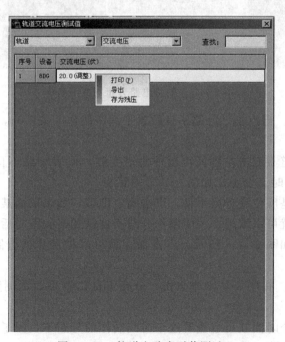

图 3-1-31　轨道电路实时值测试

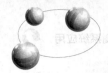

信号微机监测

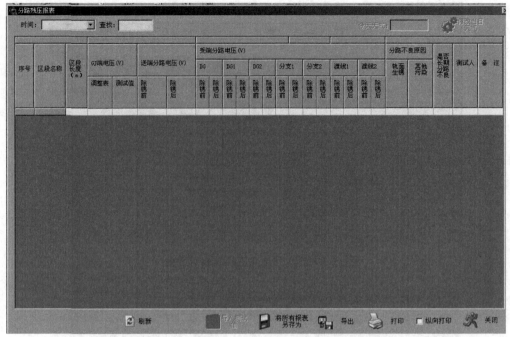

图 3-1-32　分路残压报表对话框

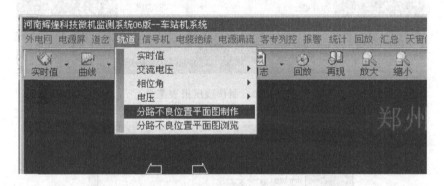

图 3-1-33　轨道电路分布不良图菜单

① 分路不良制作。当点击"分路不良位置平面图制作"菜单时，可以制作分布不良图，如图 3-1-34 所示。

在分路不良的轨道上双击左键就可以使轨道变红，代表分路不良，如图中的 IG、IIG、IIIG、IVG；双击道岔时，会弹出如图 3-1-35 对话框。

可以选择定位还是反位是分路不良，点击确定即可，如果取消某轨道的分路不良时，双击已经变红的区段，就可以取消。关闭制作分路不良位置平面图对话框时会提示是否要保存制作的分布不良图，如图 3-1-36 所示，点击保存就可以把制作的分路不良位置平面图保存下来。

② 分路不良查看。在图 3-1-33 中点击"分路不良位置平面图浏览"菜单时，会弹出图 3-1-37 对话框。

双击表格中某一个时间就可以查看这个时间制作的分路不良图了，也可以删除所选中某个时间制作的分布不良图。

项目三 信号微机监测系统应用

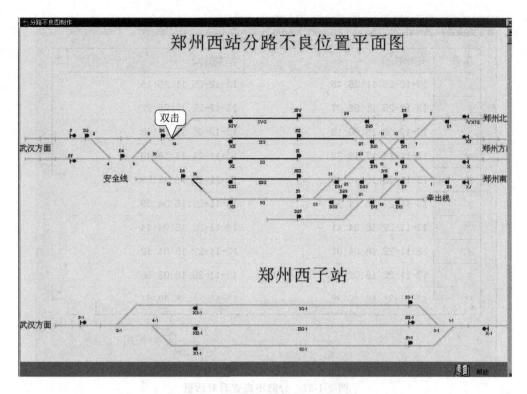

图 3-1-34 分路不良制作对话框图

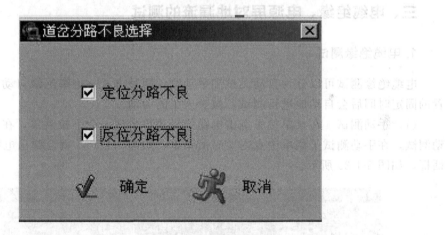

图 3-1-35 道岔分路不良对话框

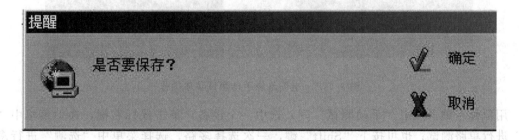

图 3-1-36 分路不良位置平面图保存对话框

117

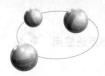

信号微机监测

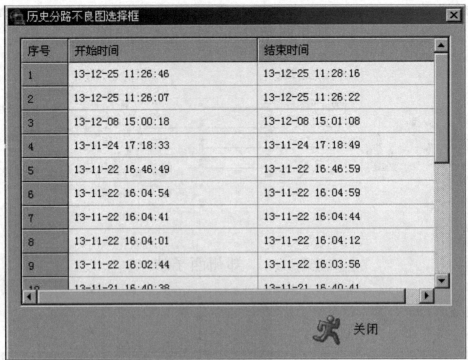

图 3-1-37　分路不良查看对话框

三、电缆绝缘、电源屏对地漏流的测试

1. 电缆绝缘测试

电缆绝缘测试可以分为自动测试和手动测试两种方式。电缆绝缘自动测试时，到每天设置的固定时间后会自动地进行测试，减少人工的劳动。

（1）手动测试　在菜单栏里点击电缆绝缘菜单出现一个下拉菜单，在下拉菜单里选中手动测试，在手动测试子菜单中点击实时值菜单，如图 3-1-38，就会弹出电缆绝缘手动测试对话框，如图 3-1-39 所示。

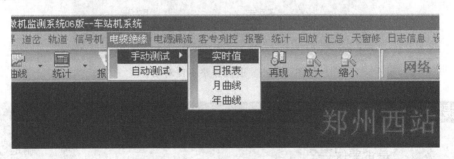

图 3-1-38　电缆绝缘手动测试菜单操作

用鼠标左键（点击"手动测试"列）选中一个设备，单击鼠标右键，选中菜单中"选测"进行单路测试；也可按下"Shift"键，一次选择多路，选择菜单中"选测"进行多路测试；还可直接选择"全测"，对所有手动绝缘设备进行测试。如图 3-1-40 所示。接下来会

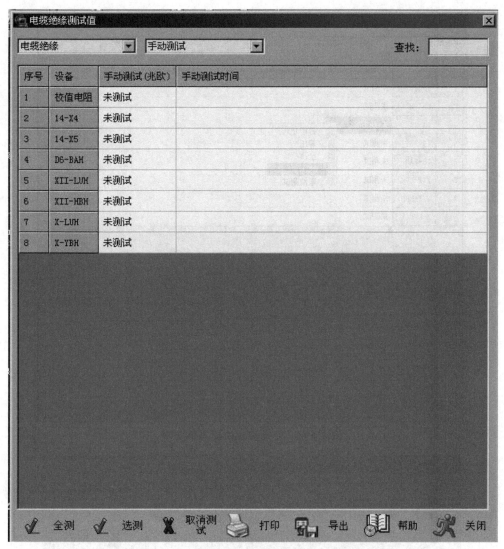

图 3-1-39 手动测试对话框

弹出一个提醒对话框，如图 3-1-41 所示，在拔掉防雷元件的后点击确定就会弹出一个测试窗口，如图 3-1-42 所示，这里一定要注意要拔掉防雷元件，否则测试出的结果就是不对的。当测试结束后，会得到被测电缆绝缘电阻的测试结果，如图 3-1-43 所示。如果测试得到电阻值大于测试量程，则显示＞20，单位默认是兆欧。也说明电缆绝缘性能良好。

（2）自动测试 每天按着设定的时间点自动测试。在时间点内自动测试没有防雷设备的电缆，可进行单测、选测、全测功能。也可进行菜单操作，如图 3-1-44～图 3-1-48。

2. 电源屏输出电源对地漏流测试

电源漏流测试在菜单中单击电源漏流菜单，出现下拉菜单后点击实时值，如图 3-1-49，会弹出实时值的对话框图 3-1-50，在这个对话框中选中要测的电源线，然后右击鼠标，出现一个快捷菜单，在快捷菜单中点击单测，就可以对某个电源线漏流进行测试，然后弹出一个提醒对话框，如图 3-1-51 所示，点击确定就会弹出一个电源漏流测试过程对话框，如图 3-1-52 所示，最终给出一个测试结果，如图 3-1-53 所示。

信号微机监测

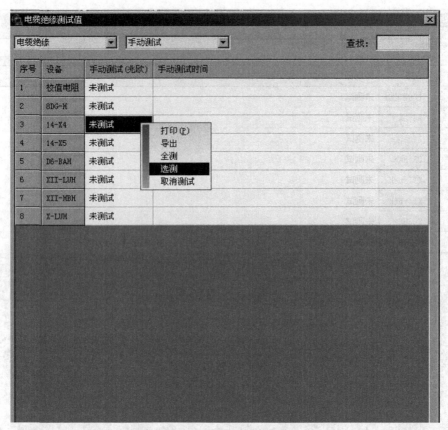

图 3-1-40　手动测试快捷菜单操作

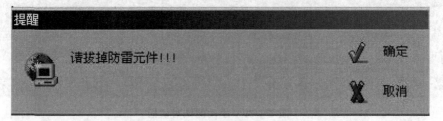

图 3-1-41　电缆绝缘测试提醒对话框

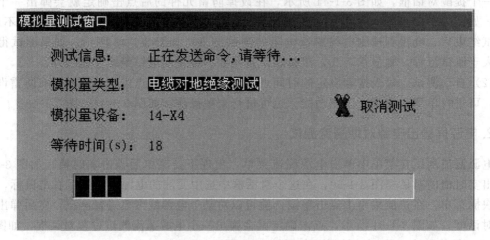

图 3-1-42　电缆绝缘测试对话框

项目三 信号微机监测系统应用

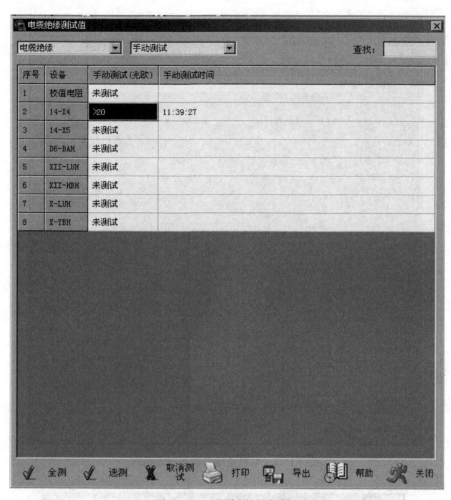

图 3-1-43 绝缘测试对话框

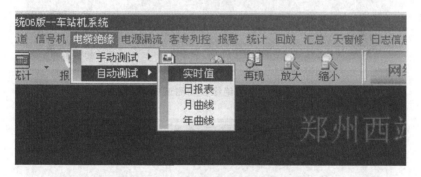

图 3-1-44 电缆绝缘自动测试菜单操作

四、站机报警信息调看及信息统计

报警有三个级别，分别为一级报警、二级报警、三级报警。当有报警时会自动地把报警信息添加到实时报警框里并自动弹出，也可以点击状态栏中的报警信息按钮弹出。如图 3-1-54，同时把这些报警记录下来。当需要查看历史的报警时可以在菜单栏中点击"报警"菜单。

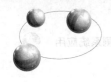 信号微机监测

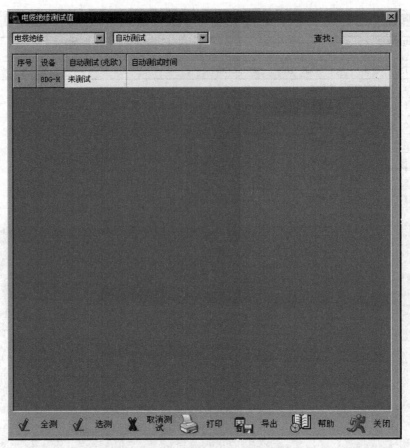

图 3-1-45　电缆绝缘自动测试对话框

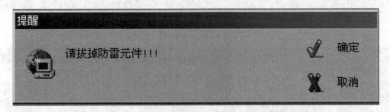

图 3-1-46　电缆绝缘自动测试提醒对话框

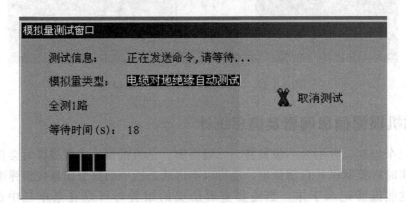

图 3-1-47　电缆绝缘测试过程

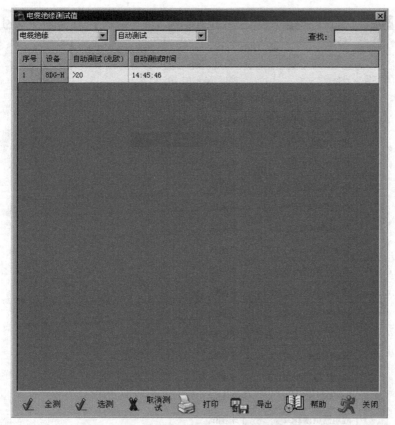

图 3-1-48 电缆绝缘自动测试结果

图 3-1-49 电源漏流测试菜单操作

1. 一级报警

点击菜单栏中的"报警"菜单出现图 3-1-55 所示的下拉菜单，一级报警里有挤岔报警、列车信号非正常关闭报警、故障通知按钮报警等。点击挤岔报警菜单，出现挤岔报警的对话框，如图 3-1-56 所示。

可以通过图 3-1-56 对话框上部的下拉框对报警的级别、报警的类型以及报警的日期进行选择查看，如图 3-1-57。"查找"功能是帮助用户查找特定的报警，当进行查找时，右键所单击的那一列就作为查找的当前列，就根据此列来对表格中的内容进行模糊排序。

信号微机监测

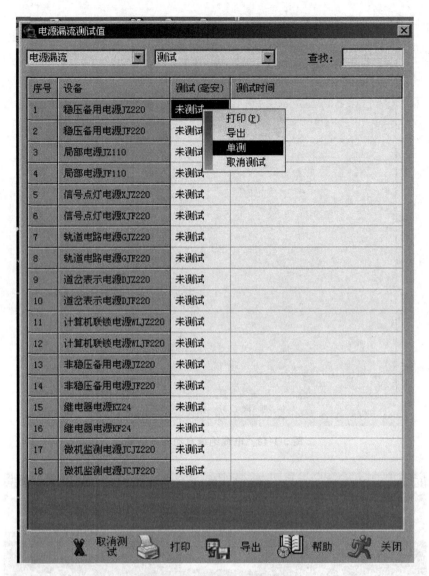

图 3-1-50　电源漏流对话框

图 3-1-51　电源漏流测试提醒对话框

2. 二级报警

点击菜单栏中的"报警"菜单，选中二级子菜单，就会出现二级报警的类型，如图 3-1-58 所示，主要有道岔断表示报警、列车信号主灯丝断丝报警、熔丝断丝报警、外电网报警、

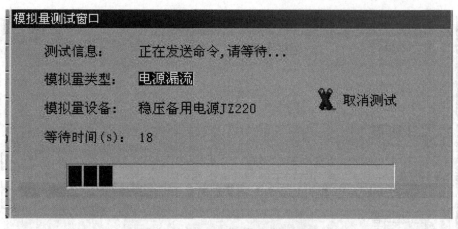

图 3-1-52　电源漏流测试过程对话框

图 3-1-53　电源漏流测试结果对话框

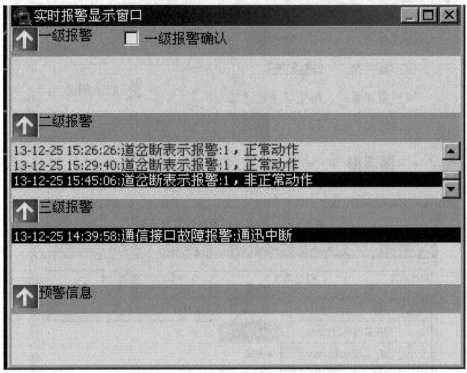

图 3-1-54 实时报警显示窗口

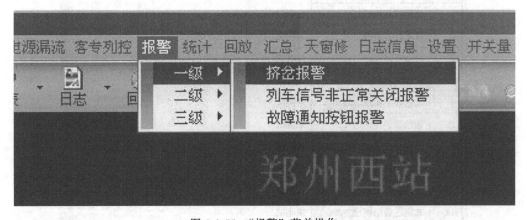

图 3-1-55 "报警"菜单操作

外电网输入电源瞬间断电报警、客专轨道电路通信报警、客专轨道电路设备工作状态报警、客专轨道电路分析结果报警、CAN通信报警、板卡故障报警等，不同的站机中设置的二级报警类型也不尽相同。点击其中道岔断表示报警子菜单，就会弹出图3-1-59道岔断表示报警对话框。同样的也可以在报警对话框中通过对话框上部的下拉框对报警的级别、报警的类型以及报警的日期进行选择查看，如图3-1-60。

3. 三级报警

三级报警中主要有通信接口故障报警、电气特性超限报警等。其菜单操作和一二级报警类似，图3-1-61是三级报警中的电气特性超限报警对话框。

项目三 信号微机监测系统应用

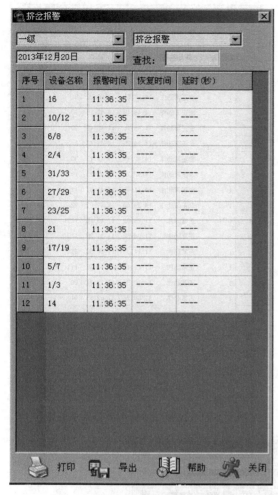

图 3-1-56 道岔缺口报警对话框

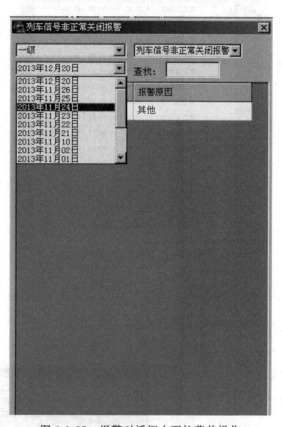

图 3-1-57 报警对话框中下拉菜单操作

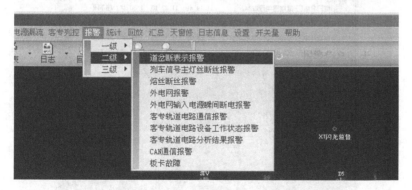

图 3-1-58 二级报警菜单操作

另外有的站机还有模拟量超限预警、道岔统计次数超限预警和 CAN 通信故障智能分析等。

4. 关键设备的使用情况

对一些关键的设备提供使用次数的统计，如信号机开放次数统计、破封按钮运用次数统

127

信号微机监测

图 3-1-59　道岔断表示报警对话框

图 3-1-60　报警对话框中下拉菜单的操作

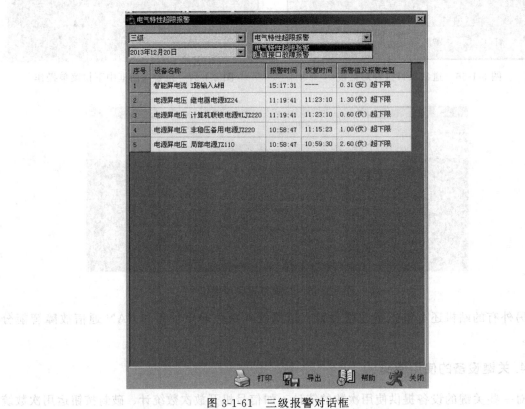

图 3-1-61　三级报警对话框

计、区段占用次数统计、列调按钮运用次数统计、故障通知按钮运用次数统计、道岔动作次数统计、设备故障统计，从而从侧面告诉用户设备老化的情况。在菜单栏中点击"统计"菜单，出现图 3-1-62 所示的下拉菜单，然后点击信号机开放次数统计、区段占用次数统计、设备故障统计等要查看的统计，会弹出图 3-1-63～图 3-1-65 对话框，其中设备故障统计对话框中主要列出的是一、二、三级报警信息。

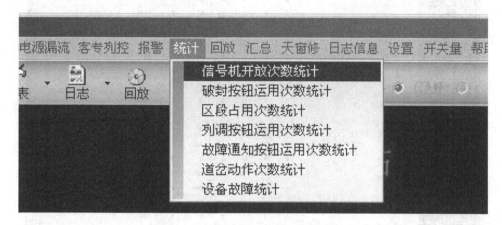

图 3-1-62 "统计"菜单

序号	名称	四月		五月		六月		七月		八月		九月		十月	
		次数	时间	次数	时间	次数	时间	次数	时间	次数	时间	次数	时间	次数	时间
1	X-L							1	0:59:11	2	0:27:34	17	8:27:41	3	8:46:54
2	S1-L							0	0:0:0	0	0:0:0	12	0:6:2	2	0:1:2
3	S1-B							1	0:59:11	2	0:27:34	19	8:8:19	5	4:52:54
4	S2-L							0	0:0:0	0	0:0:0	3	0:1:2	0	0:0:0
5	S2-B							0	0:0:0	0	0:0:0	12	0:8:50	8	0:17:40
6	SIII-L							1	0:0:0	2	0:0:0	20	7:5:31	6	6:19:1
7	SIII-B							0	0:0:0	2	0:27:36	4	5:59:45	2	7:31:6
8	S4-L							1	0:59:11	2	0:27:34	25	9:48:34	4	10:44:59
9	S4-B							0	0:0:0	0	0:0:0	0	0:0:0	0	0:0:0
10	S5-L							0	0:0:0	2	0:27:36	14	7:34:39	2	5:42:38
11	S5-B							1	0:0:0	0	0:0:0	26	5:33:49	4	5:38:23
12	D1-B							0	0:0:0	2	0:27:36	4	5:59:45	2	7:31:6
13	D3-B							1	0:59:11	2	0:27:34	14	7:10:19	4	2:54:49
14	D5-B							0	0:0:0	2	0:27:36	8	10:15:27	1	0:1:0
15	D7-B							0	0:0:0	2	0:27:36	4	5:59:45	2	7:31:6
16	D9-B							0	0:0:0	0	0:0:0	0	0:0:0	0	0:0:0
17	D11-B							0	0:0:0	0	0:0:0	2	0:1:39	0	0:0:0
18	D13-B														
19	D15-B							0	0:0:0	2	0:27:36	4	5:59:45	2	7:31:6

图 3-1-63 信号机开放次数统计对话框

这样可以清楚地看到关键设备每个月的使用情况，当然也可以通过对话框左上部的下拉框来选择别的关键设备的统计。包括列调信号机开放、破封按钮使用次数、区段占用次数、列调按钮使用次数、道岔动作次数等。

序号	名称	一月	二月	三月	四月	五月	六月	七月	八月	九月	十月	十一月	十二月	合计
1	1-QH							0	0	4	8	2	0	14
2	3-5-QH							0	0	4	0	5	0	9
3	7-QH							0	0	4	0	0	0	4
4	9-QH							0	0	2	63	51	0	116
5	11-17-QH							0	3	26	23	20	0	72
6	15-QH							0	0	1	1	5	0	7
7	19-QH							0	0	1	0	0	0	1
8	7/15G-H							0	0	10	3	3	0	16
9	D1G-H							0	0	3	10	15	0	28
10	D3G-H							0	0	0	0	0	0	0
11	D5G-H							0	0	0	0	0	0	0
12	D7G-H							0	0	2	0	8	0	10
13	1G-H							0	0	0	17	130	0	147
14	2G-H							0	0	0	0	0	0	0
15	IIIG-H							0	1	19	52	280	0	352
16	4G-H							0	2	25	48	269	0	344
17	5G-H							0	3	69	151	731	0	954
18	2-12-QH							0	0	1	2	21	0	24
19	4-10-QH							0	0	0	0	0	0	0
20	6-8-QH							0	0	0	3	18	0	21

图 3-1-64　区段占用次数统计对话框

序号	名称	一月	二月	三月	四月	五月	六月	七月	八月	九月	十月	十一月	十二月	合计
1	挤岔报警							11	33	45	48	284	12	433
2	列车信号非正常关闭报警							0	1	33	4	12	1	51
3	故障通知按钮报警							1	4	6	6	32	1	50
4	道岔断表示报警							0	0	13	43	399	35	490
5	列车信号主灯丝断丝报警							0	0	0	0	0	0	0
6	熔丝断丝报警							0	0	0	0	0	0	0
7	外电网报警							0	0	0	0	8	3	11
8	外电网输入电源瞬间断电报警							0	0	0	0	0	0	0
9	客专轨道电路通信报警							0	0	0	0	0	0	0
10	客专轨道电路设备工作状态报警							0	0	0	0	0	0	0
11	客专轨道电路分析结果报警							0	0	0	0	0	0	0
12	电气特性超限报警							0	14	0	139	476	12	641
13	CAN通信报警							0	34	41	66	521	117	779
14	通信接口故障报警							0	1	2	7	57	24	91

图 3-1-65　设备故障次数统计对话框

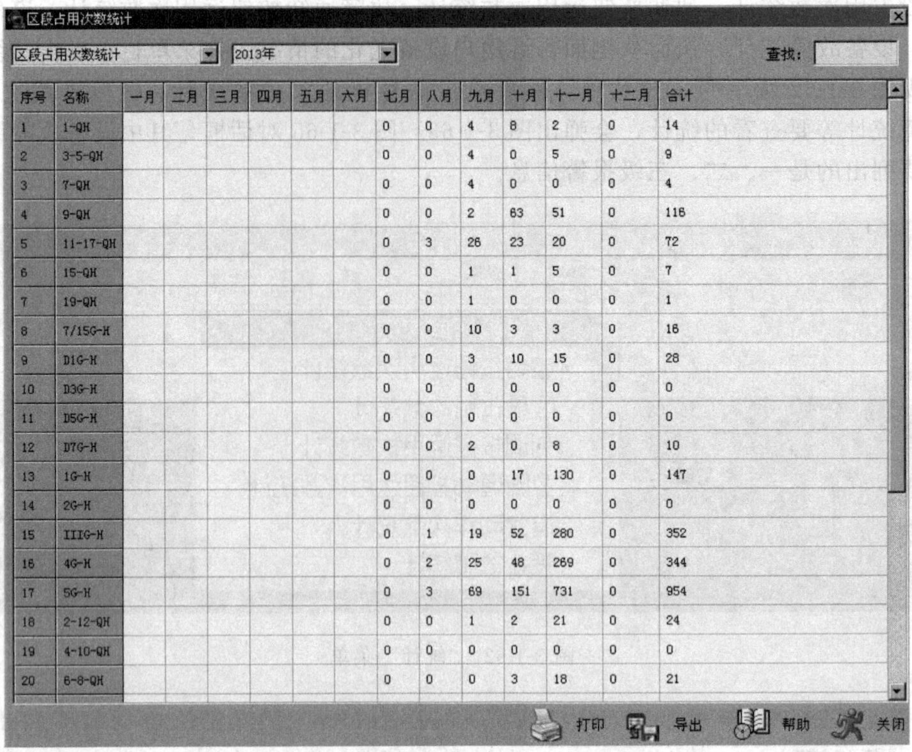

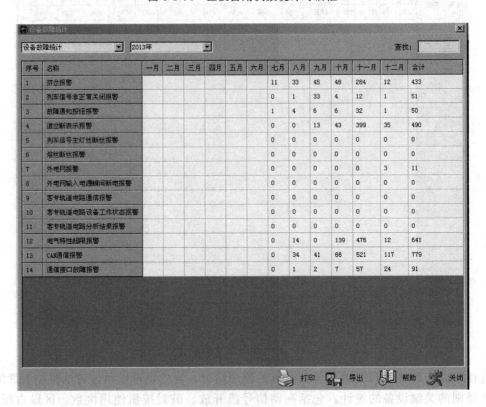

五、再现回放操作

1. 基本功能

可以回放站机存储的最近 30 天（此时间和硬盘容量有关）中任何时间段的站场状态，也可同时同步显示模拟量数据和开关量状态并可动态绘制模拟量曲线图。

2. 基本操作

在菜单栏中点击回放菜单，会出现一个下拉菜单，如图 3-1-66 所示，点击回放子菜单就进入了回放对话框，如图 3-1-67 所示。

图 3-1-66　回放菜单操作

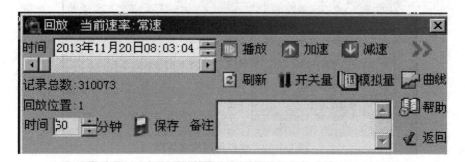

图 3-1-67　回放对话框

在回放对话框中点击开关量按钮就可以回放存储的开关量的信息，如图 3-1-68 所示的对话框，点击模拟量就可以回放存储的模拟量信息，如图 3-1-69 所示，点击曲线就可以回放历史记录的曲线信息，如图 3-1-70 所示。点击播放按钮就可以回放历史数据了，还可以进行加速、减速播放，点击刷新按钮可以及时调入新记录存储的数据信息，而不要重新打开回放对话框，点击保存按钮可以把记录的数据存储为再现文件，如图 3-1-71，点击确定按钮就可以存储成再现文件了。

如果想把某个时段的数据方便地调出回放，可以数据保存成再现文件，就如以上描述的操作，如果想再现历史记录保存的数据，在图 3-1-66 所示的菜单栏操作中点击再现子菜单就会弹出如图 3-1-72 再现文件选择对话框，在图 3-1-72 对话框中选中某个日期存储的再现数据，点击对话框下面的打开按钮就可以把某个日期储存的数据调出，如图 3-1-73 再现播放对话框。点击开关量、模拟量、曲线按钮就可以观看再现数据了。

信号微机监测

图 3-1-68 开关量回放对话框

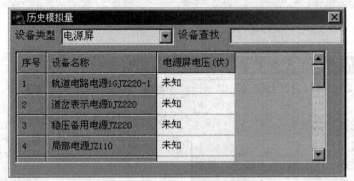

图 3-1-69 模拟量回放对话框

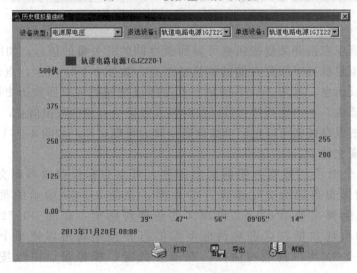

图 3-1-70 曲线回放对话框

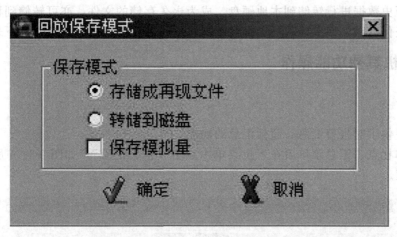

图 3-1-71 回放保存对话框

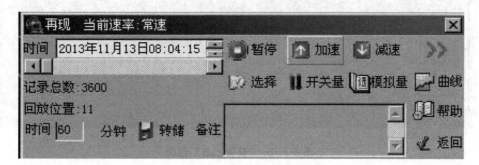

图 3-1-72 再现文件选择对话框

图 3-1-73 再现文件播放对话框

3. 永久保存功能

回放的历史数据是有时间限制的，一般是三十天（根据硬盘大小而定），点击"保存"

按钮可以将历史数据进行转储到本地硬盘,成为永久存储的文件,亦可转储到移动硬盘,携带到异地在任何电脑上回放再现历史真实数据,这样数据就可以永久地保存下来。

六、站机其他功能操作

1. 汇总

本系统提供了对报警汇总、超标汇总的功能。

当在菜单栏点击汇总菜单后在下拉菜单中点击"报警汇总",如图 3-1-74 所示,弹出图 3-1-75 对话框。

图 3-1-74 汇总菜单操作

图 3-1-75 "报警汇总"框图

当选中类型和起止时间后就可以单击"查询"按钮进行查询。如果这段时间内有报警信息则给出如图 3-1-76 所示全部列出所查询的报警信息,如果没有信息则给出没有报警信息的提示。

当在图 3-1-74 菜单操作中点击"超标汇总"后,会弹出图 3-1-77 所示对话框,当选中类

项目三　信号微机监测系统应用

图 3-1-76　报警信息汇总对话框

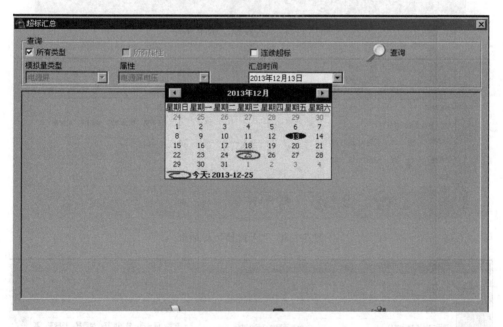

图 3-1-77　"超标汇总"框图

型、属性、汇总时间，左键单击"查询"按钮，就会自动地把符合条件的信息汇总到表格中，帮助分析人员快速地找到有问题的设备。如果没有超标情况则给出提醒，如图 3-1-78 所示。

2. 天窗修

在菜单栏中点击"天窗修"菜单，如图 3-1-79 所示，点击后弹出图 3-1-80 "天窗修"对话框，在对话框中可以制作上下行某个时间的天窗，可以在天窗里备注作业内容及填表人，如图 3-1-81 所示。

图 3-1-78　超标信息提醒

图 3-1-79　"天窗修"菜单操作

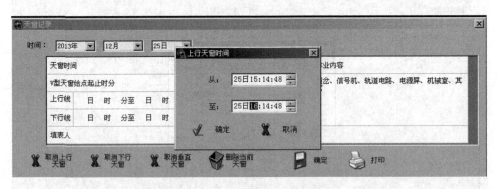

图 3-1-80　"天窗修"对话框

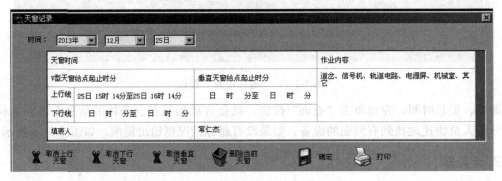

图 3-1-81　制作后"天窗修"对话框

在时间下拉框中选中所要查看的"天窗修"记录，在表格中就可以显示所选的记录，如果是当天的记录，还可以进行修改。

3. 日志信息

对系统运行的一些日志进行记录，使用户可以清楚地了解系统运行的情况。在菜单中找到"日志信息"菜单，如图 3-1-82 所示，点击 CAN 工作日志后弹出图 3-1-83CAN 工作日志对话框，在对话框中可以了解采集分机与站机的通信情况，在对话框中还可以对左上方下拉菜单进行操作，如选择站机的工作日志或某一天的 CAN 工作日志、站机工作日志。

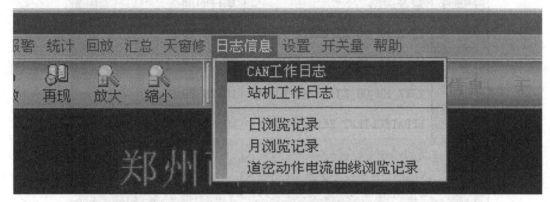

图 3-1-82　"日志信息"菜单

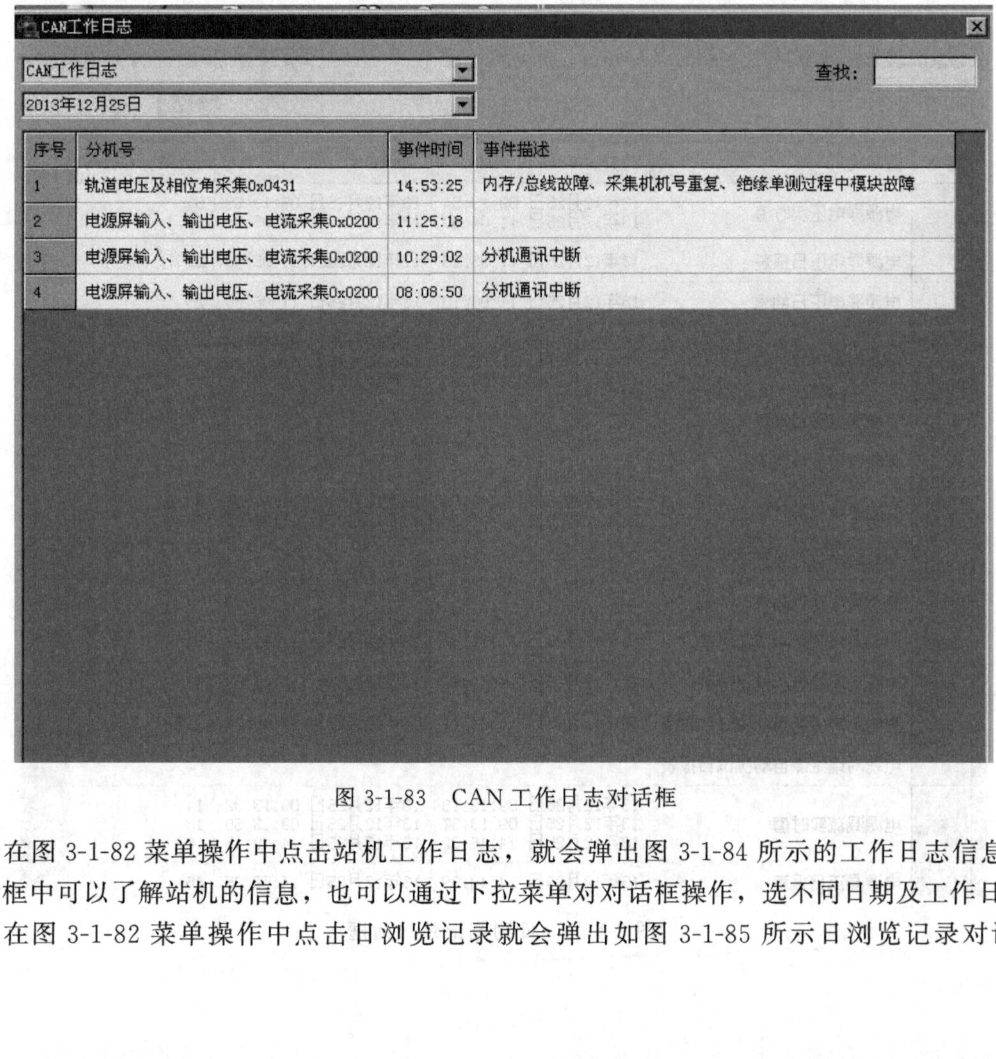

图 3-1-83　CAN 工作日志对话框

在图 3-1-82 菜单操作中点击站机工作日志，就会弹出图 3-1-84 所示的工作日志信息，在对话框中可以了解站机的信息，也可以通过下拉菜单对对话框操作，选不同日期及工作日志。

在图 3-1-82 菜单操作中点击日浏览记录就会弹出如图 3-1-85 所示日浏览记录对话框，

序号	事件类型	事件时间
1	TJWX_HH_06_ZJ.EXE程序启动	08:08:13
2	UPDATECLIENT.EXE程序启动	08:08:13
3	TJWX_HH_06_ZJ.EXE程序启动	10:28:29
4	UPDATECLIENT.EXE程序启动	10:28:29

图 3-1-84　站机工作日志

序号	报表名称	打开时间	关闭时间	持续时间(秒)
1	电源屏电压实时值	13年12月25日 09:13:54 13年12月25日 11:04:50	13年12月25日 09:13:59 13年12月25日 11:05:21	5 31
2	电源屏电压日报表	13年12月25日 11:05:33	13年12月25日 11:05:58	25
3	电源屏电压日曲线	13年12月25日 11:06:10	13年12月25日 11:06:36	26
4	智能屏电压实时值	13年12月25日 09:13:50 13年12月25日 11:06:53 13年12月25日 11:07:32	13年12月25日 09:13:54 13年12月25日 11:07:02 13年12月25日 11:07:51	4 9 19
5	智能屏电压日报表			
6	智能屏电压日曲线			
7	智能屏电流实时值	13年12月25日 11:06:53 13年12月25日 11:07:32	13年12月25日 11:07:02 13年12月25日 11:07:51	9 19
8	智能屏电流日报表			
9	智能屏电流日曲线			
10	电缆对地绝缘测试实时值	13年12月25日 11:37:33	13年12月25日 11:39:56	143
11	电缆对地绝缘测试日报表	13年12月25日 14:42:10	13年12月25日 14:42:53	43
12	电缆对地绝缘自动测试实时值	13年12月25日 14:44:11	13年12月25日 14:46:06	115
13	电缆对地绝缘自动测试日报表			
14	电源漏流实时值	13年12月25日 09:13:18 13年12月25日 09:13:37 13年12月25日 14:46:32	13年12月25日 09:13:32 13年12月25日 09:13:50 13年12月25日 14:49:15	14 13 163
15	电源漏流日报表	13年12月25日 14:49:39	13年12月25日 14:50:25	46

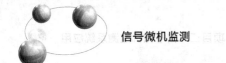

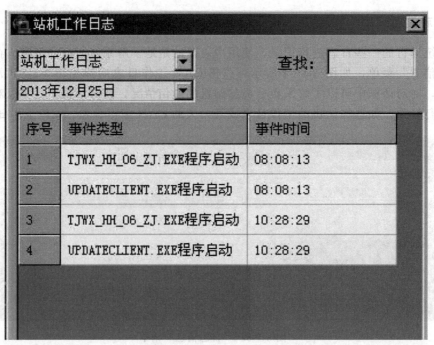

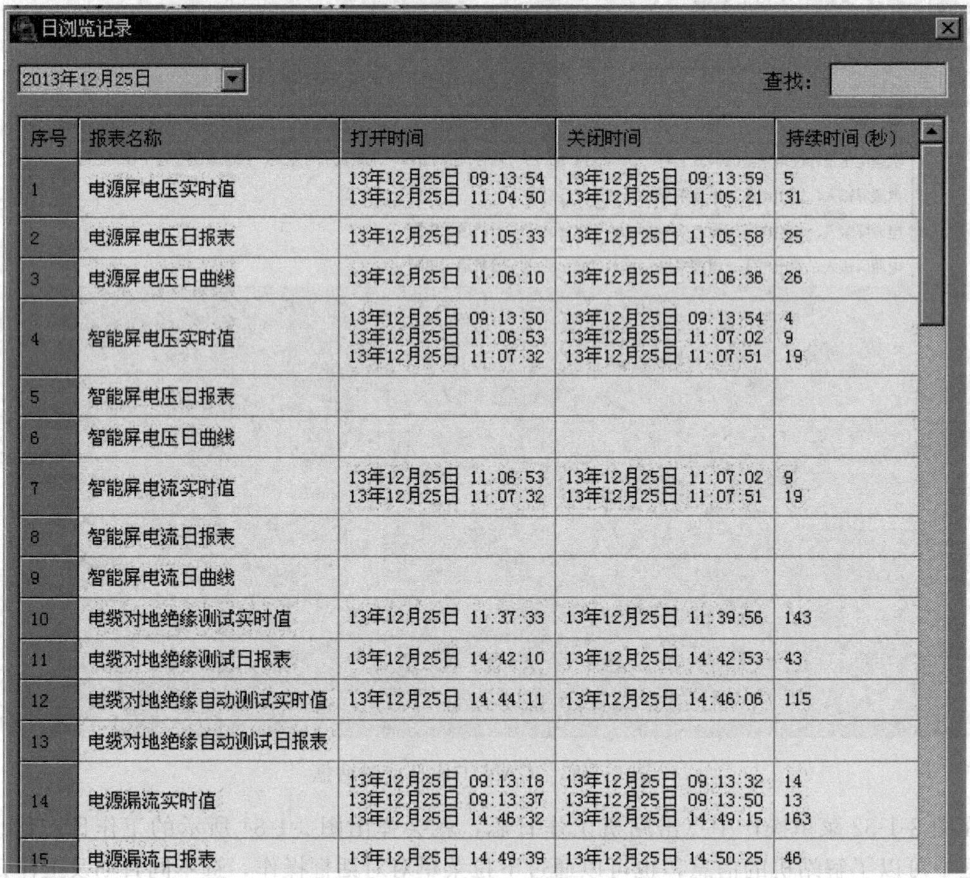

图 3-1-85　日浏览记录对话框

在对话框中可以了解当天对站机操作的信息，也可通过对话框左上角时间的下拉菜单查看某一天的对站机的操作信息。

同样在图 3-1-82 菜单操作中点击"月浏览记录"，弹出图 3-1-86 月浏览记录对话框，在对话框中可以了解当月对站机操作信息。

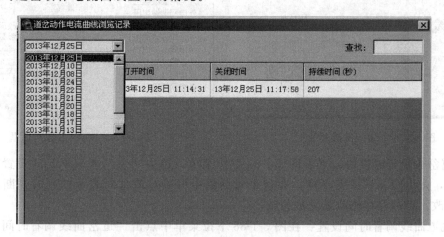

图 3-1-86　月浏览记录对话框

同样在图 3-1-82 菜单操作中点击"道岔动作电流曲线浏览记录"，会弹出图 3-1-87 对话框，在对话框中能了解当天对道岔动作电流曲线查看的情况，也可以通过时间的下拉菜单选择某一天对道岔动作电流曲线查看的情况。

图 3-1-87　道岔动作电流曲线浏览记录对话框

4. 功能设置

2006 微机监测系统提供一些功能设置，其菜单如图 3-1-88 所示，主要包括参数修改、道岔断表示延时设置、道岔曲线调看时间设置、绝缘测试设置等。

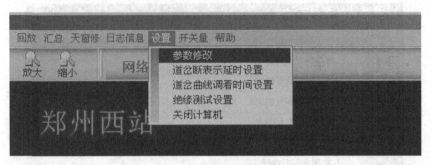

图 3-1-88　设置菜单操作

① 修改参数：点击图 3-1-88 中下拉菜单中的"修改参数"子菜单弹出输入密码对话框，如图 3-1-89，填入密码点击确定按钮，弹出图 3-1-90 所示对话框，在这个对话框中可以对各个设备的参数做修改和校正，最后点击修改固定参数即可。

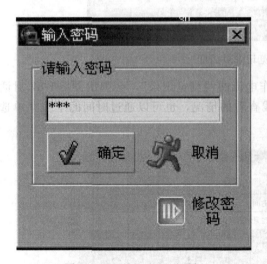

图 3-1-89　输入密码对话框

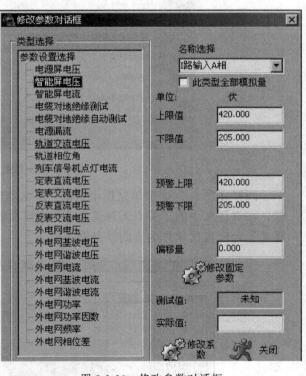

图 3-1-90　修改参数对话框

② 道岔表示延时设置：点击图 3-1-88 下拉菜单，选中"道岔断表示延时设置"菜单并输入密码，弹出图 3-1-91 对话框，在这个对话框中可以对道岔断表示的延时判断的延时时间进行修改，点击保存修改就完成修改。

③ 轨道曲线调看时间设置：在图 3-1-88 下拉菜单中点击"道岔曲线调看时间设置"菜单并输入密码，弹出图 3-1-92 对话框，在对话框中输入要修改为的时间，点击确定按钮就

图 3-1-91　道岔断表示延时设置对话框

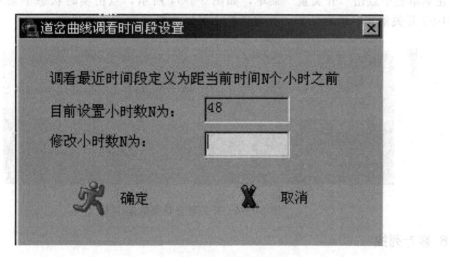

图 3-1-92　道岔曲线调看时间设置对话框

修改成功。

④ 绝缘测试设置：在图 3-1-88 下拉菜单中点击"绝缘测试设置"菜单并输入密码，弹出图 3-1-93 对话框，在这个对话框中可以对电缆的绝缘测试是否是自动测试以及什么时间开始测试进行设置。

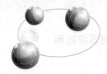

信号微机监测

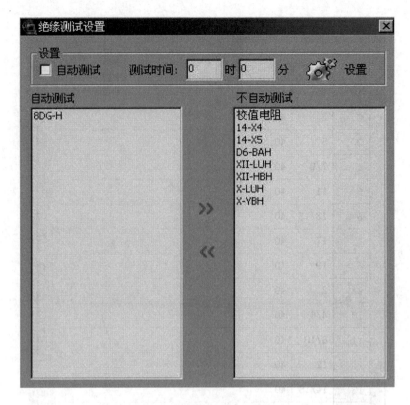

图 3-1-93　绝缘测试设置对话框

5. 开关量的查看

在菜单栏中点击"开关量"菜单，如图 3-1-94 所示，点击实时状态子菜单，就会弹出图 3-1-95 开关量实时值对话框，在对话框中可以查看某些设备的状态。

图 3-1-94　开关量查看菜单操作

6. 客专列控

本系统提供了客专列控的实时监控功能，在菜单中点击"客专列控"菜单会出现图 3-1-96 所示的子菜单，在子菜单中点击状态信息中主机硬件状态，弹出图 3-1-97 中心主机状态对话框，在对话框中可以查看主机硬件及列控设备的通信状态。在菜单中点击轨道区段编码子菜单就弹出图 3-1-98 所示的对话框，在对话框中可以查看各个轨道区段的编码信息。

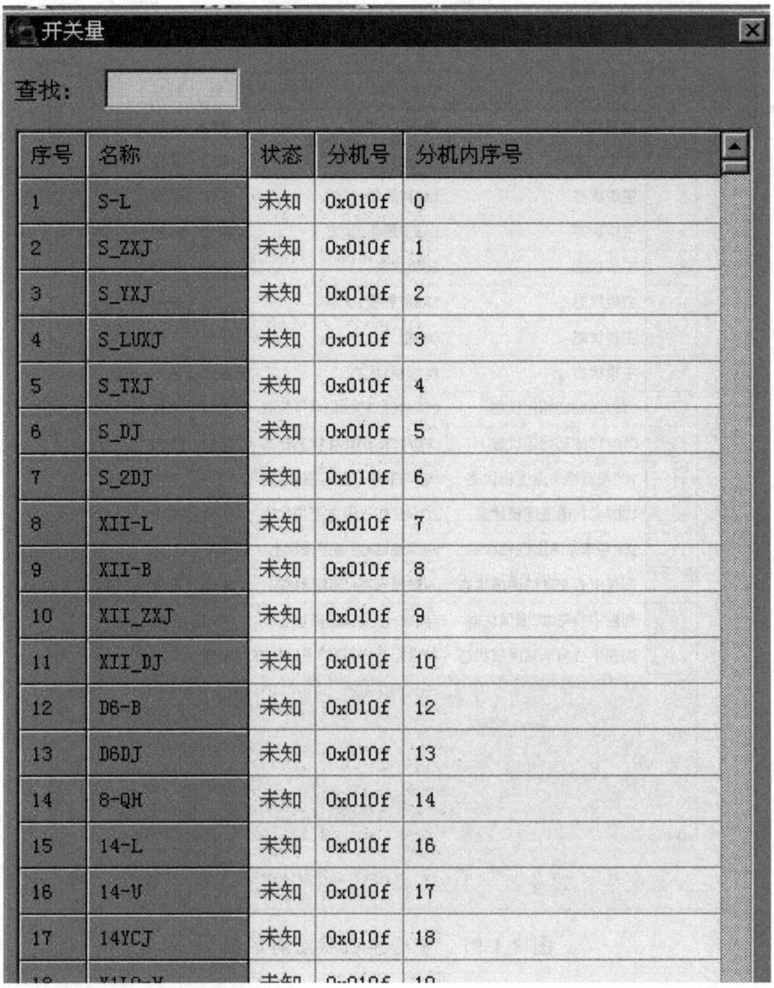

序号	名称	状态	分机号	分机内序号
1	S-L	未知	0x010f	0
2	S_ZXJ	未知	0x010f	1
3	S_YXJ	未知	0x010f	2
4	S_LUXJ	未知	0x010f	3
5	S_TXJ	未知	0x010f	4
6	S_DJ	未知	0x010f	5
7	S_2DJ	未知	0x010f	6
8	XII-L	未知	0x010f	7
9	XII-B	未知	0x010f	8
10	XII_ZXJ	未知	0x010f	9
11	XII_DJ	未知	0x010f	10
12	D6-B	未知	0x010f	12
13	D6DJ	未知	0x010f	13
14	8-QH	未知	0x010f	14
15	14-L	未知	0x010f	16
16	14-U	未知	0x010f	17
17	14YCJ	未知	0x010f	18

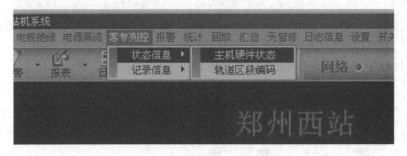

图 3-1-95 开关量实时值对话框

图 3-1-96 客专列控菜单操作

在菜单中点击“客专列控”菜单会出现图 3-1-99 所示的子菜单，在下拉菜单选中记录信息点击列控中心与联锁接口进路信息记录子菜单，会弹出图 3-1-100 对话框，在对话框中可以查看进路信息，也可以通过左上角的下拉菜单选择不同的信息记录进行查询，如图 3-1-101 所示。

七、道岔动作电流曲线分析

道岔是轨道线路上的薄弱环节，故障率较高。道岔动作电流曲线是以动作电流值为纵坐

中心主机状态

序号	类型	设备名称	A机	B机
1	主板状态	电源板1状态	未知	未知
2	主板状态	CPU板1状态	未知	未知
3	主板状态	LAN扩展板1状态	未知	未知
4	主板状态	LAN扩展板2状态	未知	未知
5	主板状态	IO板状态	未知	未知
6	主板状态	LAN扩展板1状态	未知	未知
7	主板状态	CPU板1状态	未知	未知
8	主板状态	电源板1状态	未知	未知
9	CTC/TSRS初始化状态	CTC/TSRS初始化命令标志	未知	未知
10	CTC/TSRS初始化状态	CTC/TSRS初始化状态标志	未知	未知
11	TCC与联锁通道逻辑状态	TCC与联锁A通道逻辑状态	未知	未知
12	TCC与CTC通道逻辑状态	TCC与CTC-A通道逻辑状态	未知	未知
13	TCC与车站通道逻辑状态	与辉煌站A通道逻辑状态	未知	未知
14	列控中心与联锁通信状态	与联锁-I系A口通信状态	未知	未知
15	列控中心与CTC通信状态	与CTC-I系A口通信状态	未知	未知
16	列控中心与车站通信状态	与洛阳南-I系A口通信状态	未知	未知

导出 打印

图 3-1-97　中心主机状态对话框

客专轨道区段编码信息

查找：

序号	设备名称	主轨载频(Hz)	小轨载频(Hz)	主轨低频(Hz)	小轨低频(Hz)	时间
1	IG1	未知	未知	未知	未知	
2	IG2	未知	未知	未知	未知	
3	3G1	未知	未知	未知	未知	
4	3G2	未知	未知	未知	未知	
5	5G1	未知	未知	未知	未知	
6	5G2	未知	未知	未知	未知	
7	IIG1	未知	未知	未知	未知	
8	IIG2	未知	未知	未知	未知	
9	4G1	未知	未知	未知	未知	
10	4G2	未知	未知	未知	未知	
11	3DG	未知	未知	未知	未知	
12	9-15DG	未知	未知	未知	未知	
13	23DG	未知	未知	未知	未知	
14	25DG	未知	未知	未知	未知	
15	31DG	未知	未知	未知	未知	

导出 打印

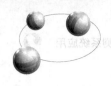

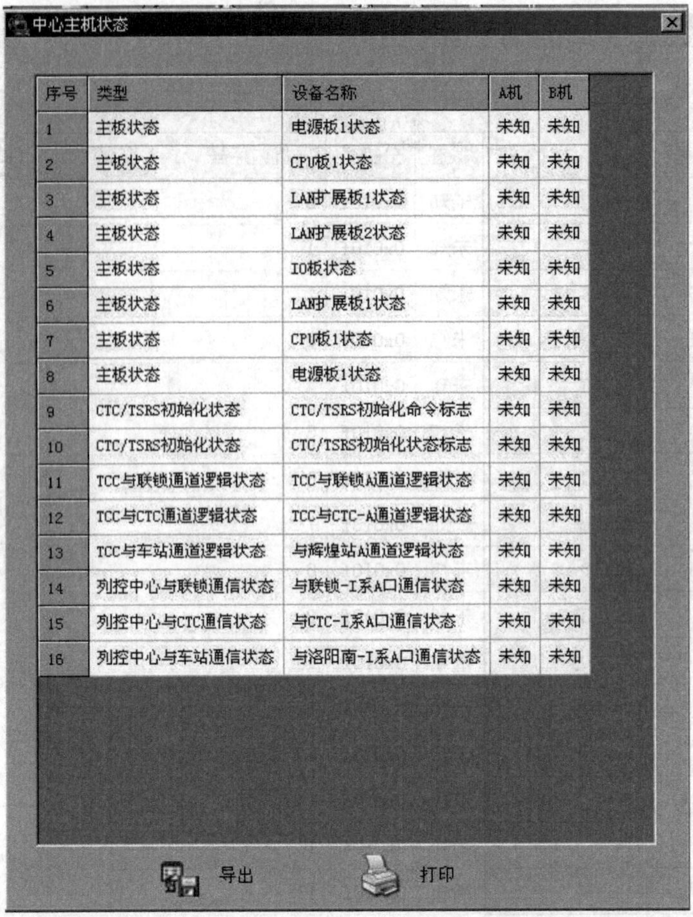

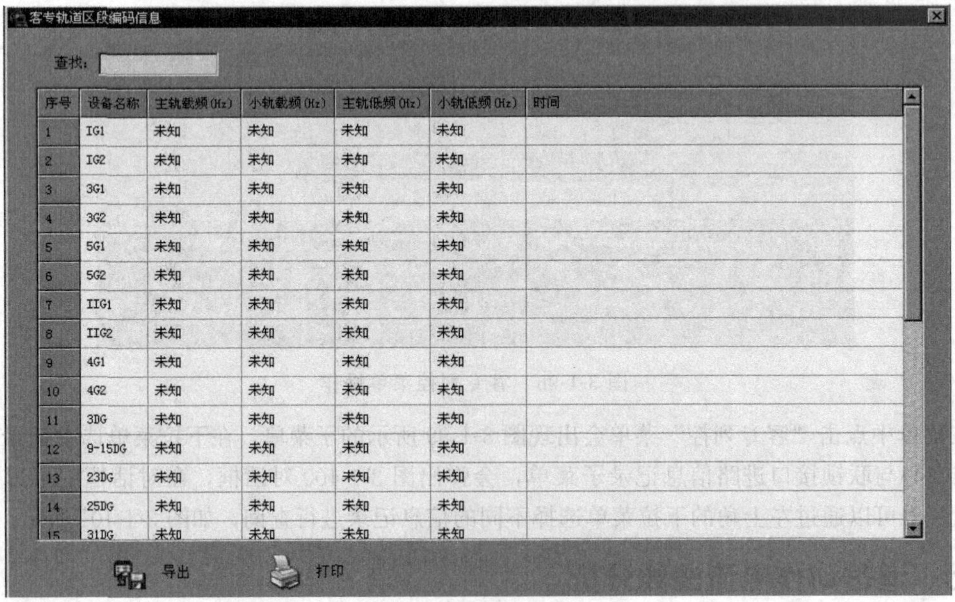

图 3-1-98　客专轨道区段编码信息对话框

项目三 信号微机监测系统应用

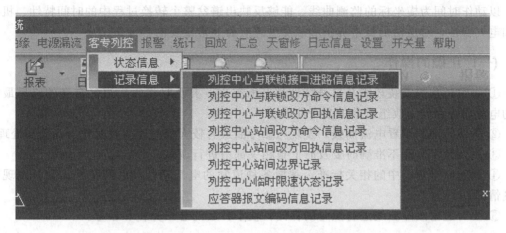

图 3-1-99　客专列控记录信息菜单操作

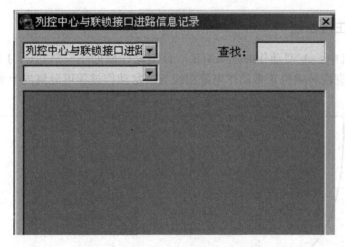

图 3-1-100　列控中心与联锁接口进路信息对话框

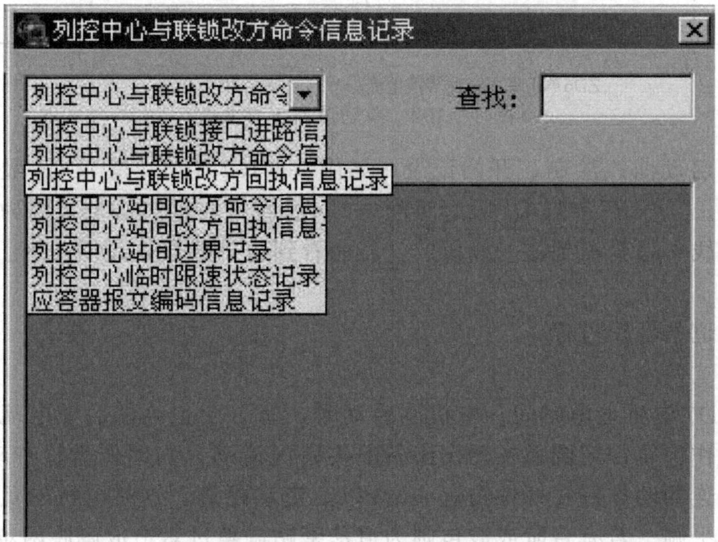

图 3-1-101　下拉菜单操作

145

标,以动作时间为横坐标的监测曲线。能够反映出道岔整个转换过程中的时间特性、机械特性和电气特性,对道岔的日常养护和故障处理有着非常重要的参考意义。

(一) 正确的操作

① 每组道岔的安装环境及自身特性都有所差别,要及时将每组道岔自身的修后最好状态的电流曲线存储为改组道岔的参考曲线。

② 按规定周期调看电流曲线,发现与参考曲线有较大偏差时要及时作出判断和处理。

③ 发现微机监测不准确时要及时上报相关部门进行调试。

④ 熟悉《维规》中的相关标准,掌握各种道岔的电气特性和时间特性;及时发现运用不良情况。

⑤ 要对道岔故障曲线进行及时的存储,便于日后的总结分析和参考。

(二) 直流转辙机动作电流曲线分析

1. 单动道岔正常曲线

ZD6 系列电机中:A 型动作时间≤3.8s,D 型动作时间≤5.5s,E、J 型动作时间≤9s。

如图 3-1-102 直流转辙机正常动作电流曲线与道岔动作过程可分解成十个线段三个部分。

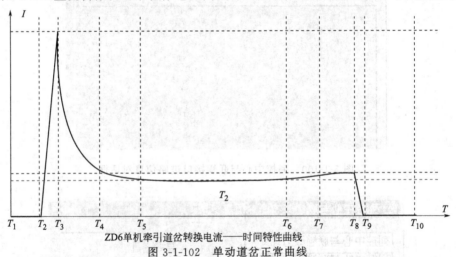

ZD6单机牵引道岔转换电流——时间特性曲线

图 3-1-102 单动道岔正常曲线

第一部分:启动曲线绘制,开始记录。如图 3-1-102 中 T_1 是 1DQJ 吸起开始绘制动作电流并计时的点。$T_2-T_1=$1DQJ 吸起时间+2DQJ 转极时间≤0.3s,因为时间很短,在平时正常的电流曲线中是看不到这一线段的,若能看到这一线段,说明 1DQJ 或者 2DQJ 的动作有延时。

第二部分:道岔动作过程

(1) 解锁

$T_2 \sim T_3$:ZD6 电机上电时间。电机刚启动时,有一个很大的启动电流,曲线骤升,形成一个峰值;动作齿轮锁闭圆弧在动作齿条削尖齿内滑动,当动作齿轮带动齿条块动作时,与动作齿条块相连的动作杆在杆件内有 5mm 以上空动距离,这时电机的负载很小,电流迅速回落。弧线应平顺。若有台阶或鼓包则为道岔密贴调整过紧造成解脱困难。

(2) 转换

$T_4 \sim T_7$：道岔尖轨移动时间，时间的长短视转换阻力而变，一般取 $T_4 \sim T_7$ 间的平均电流作为道岔动作电流。在这个过程中电机经过两级减速，带动道岔平稳转换，动作电流曲线平滑。如果动作电流小，表明转换阻力小；如果动作电流大，表明转换阻力大。如果动作曲线波动大，则表明道岔存在电气或机械方面的问题。

（3）锁闭

$T_7 \sim T_8$：这一段为锁闭电流，道岔尖轨被带动到另一侧，尖轨与基本轨密贴，动作齿轮锁闭圆弧在动作齿条削尖齿中滑动锁闭道岔，自动开闭器动接点转换，切断动作电流。其动作电流曲线为尾部平滑迅速回零，或尾部略有上翘回零。如果道岔尖轨与基本轨刚好密贴，曲线尾部就平滑；如果道岔尖轨与基本轨密贴力较大则曲线尾部上翘。一般高于 $T_6 \sim T_7$ 段，但不应高出 0.25A 以上，若有则为道岔密贴调整过紧。当道岔进行 4mm 试验时，在 T_8 后有一串逐渐下滑的波动段，波峰与波谷间的电流之差不应大于 0.35A，若大于则为摩擦带不良。

第三部分：结束电流记录

$T_9 \sim T_{10}$：1DQJ 缓放时间。不小于 0.45s，1DQJ 落下后，微机监测停止计时，整条曲线结束。

2. 多动道岔正常曲线

如图 3-1-103 所示：双动、三动及四动道岔，其动作过程是串连的，第一动转换完毕，其自动开闭器接点自动切断其动作电流，同时接通第二动的动作电流，以此类推。

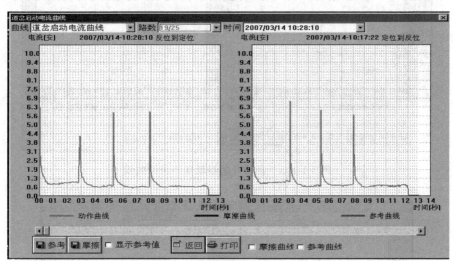

图 3-1-103　多动道岔正常电流曲线

3. 典型故障曲线图集

如图 3-1-104～图 3-1-116 所示。

(三) 交流转辙机动作电流曲线分析

1. 正常交流转辙机动作曲线

交流转辙机启动、解锁、转换、锁闭、停止的动作步骤及曲线形状都和直流转辙机非常

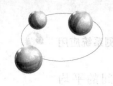

信号微机监测

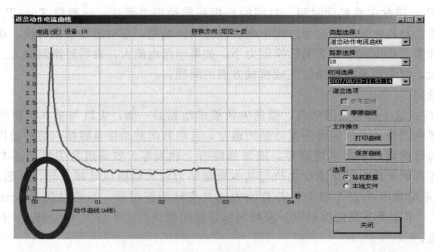

图 3-1-104 启动延时曲线

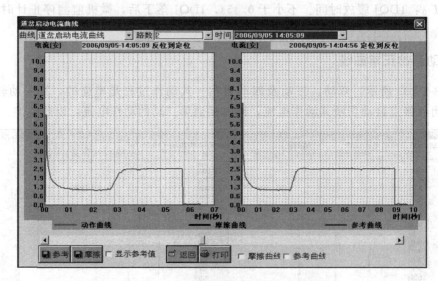

图 3-1-105 自动开闭器动作不灵活曲线

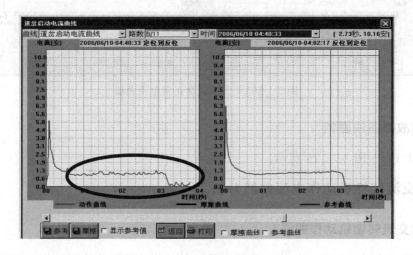

图 3-1-106 动作电流不平滑曲线

项目三 信号微机监测系统应用

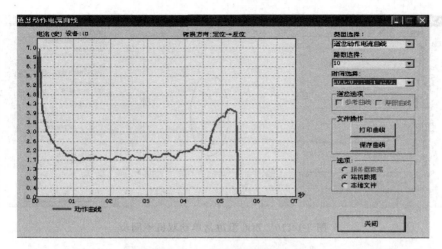

图 3-1-107 锁闭电流超标曲线

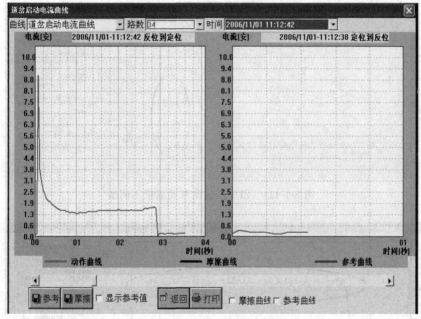

图 3-1-108 启动电路短线曲线

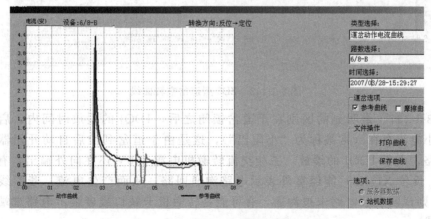

图 3-1-109 电机有断匝或碳刷接触不良曲线

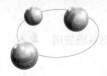

信号微机监测

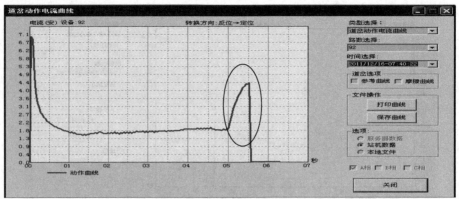

图 3-1-110　ZD6 型道岔单动双机不同步

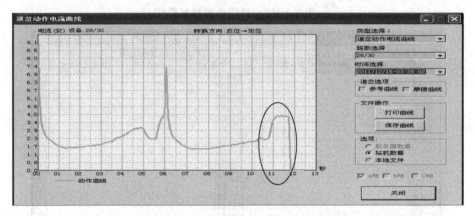

图 3-1-111　ZD6 型道岔双动双机不同步

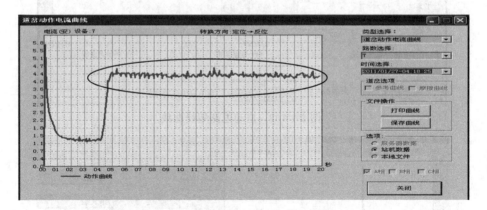

图 3-1-112　ZD6 型道岔空转曲线

相似如图 3-1-117。最明显的区别在于道岔锁闭之后，1DQJ 的缓放时间内，启动电路中仍有两相小电流存在（常被称为"小尾巴"），这是由于道岔到位后自动开闭器接通了室外表示电路，由于 1DQJ 的缓放，三相交流转辙机电源 380V 还在向外输出，有两相（定位 X1/X2，反位 X1/X3）能经室外表示电路沟通回路，从而产生电流。若曲线结束段无"小尾巴"则说明表示电路未被沟通，有可能是转辙机卡缺口或者表示电路末端故障造成的异常曲线。

项目三 信号微机监测系统应用

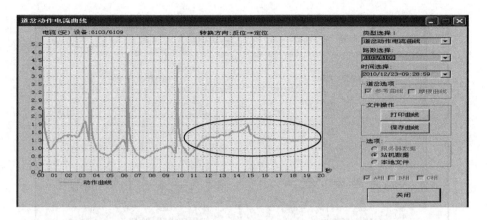

图 3-1-113　ZD6 型道岔第四动空转曲线

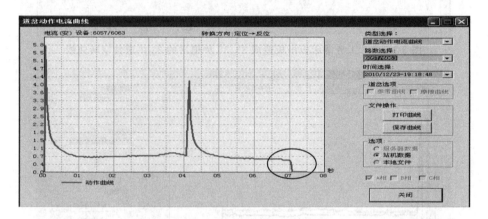

图 3-1-114　四动道岔二动卡口曲线（先动作的道岔卡口时无后一动的曲线，若是单动道岔卡口曲线与正常曲线一致）

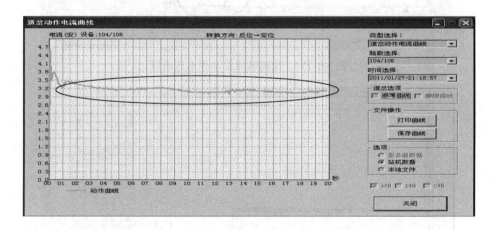

图 3-1-115　ZD6 型双动道岔一动压力大不解锁曲线

2. 交流转辙机异常曲线图集

如图 3-1-118～图 3-1-130 所示。

信号微机监测

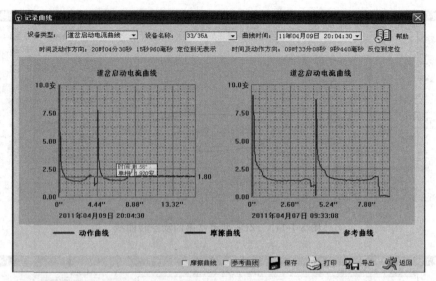

图 3-1-116　工务滑床板吊板造成 33/35＃道岔的 33＃道岔空转曲线

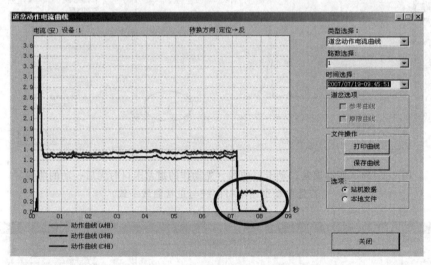

图 3-1-117　交流转辙机动作电流曲线

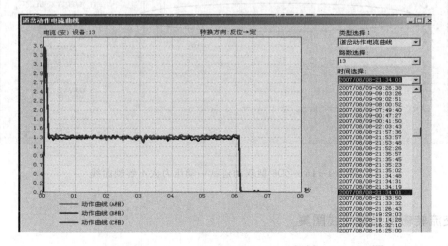

图 3-1-118　交流转辙机无表示曲线

项目三　信号微机监测系统应用

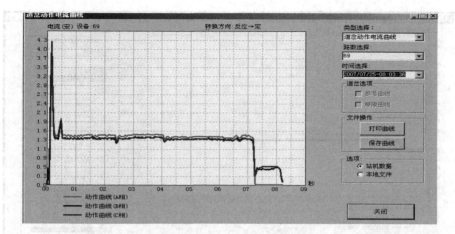

图 3-1-119　道岔枕木不平、轨枕不正、滑床板不良或启动电路接点不良等曲线（一）

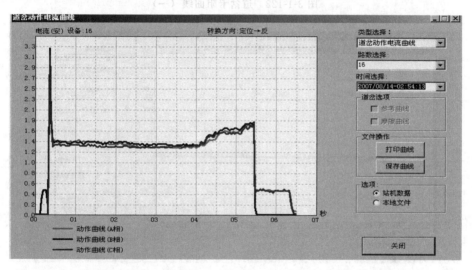

图 3-1-120　道岔枕木不平、轨枕不正、滑床板不良或启动电路接点不良等曲线（二）

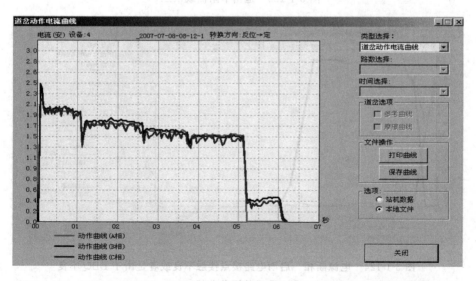

图 3-1-121　道岔枕木不平、轨枕不正、滑床板不良或启动电路接点不良等曲线（三）

153

信号微机监测

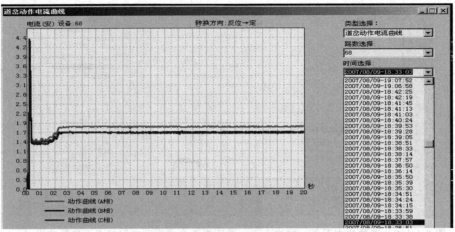

图 3-1-122　道岔卡阻曲线（一）

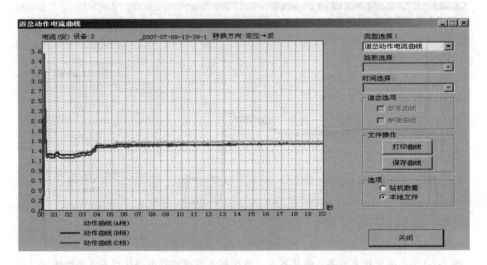

图 3-1-123　道岔卡阻曲线（二）

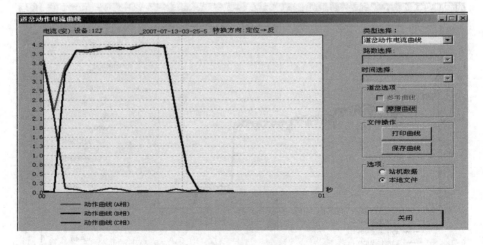

图 3-1-124　电源断相、启动电路接点接触不良或者是由于 DBQ 不良
造成的道岔曲线

项目三 信号微机监测系统应用

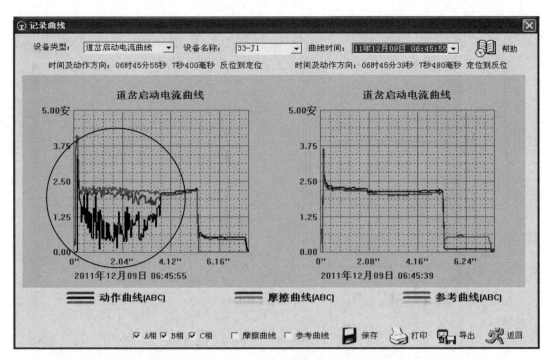

图 3-1-125 接点排不良（结冰造成）的动作曲线（此时还能动作到位，接通表示）

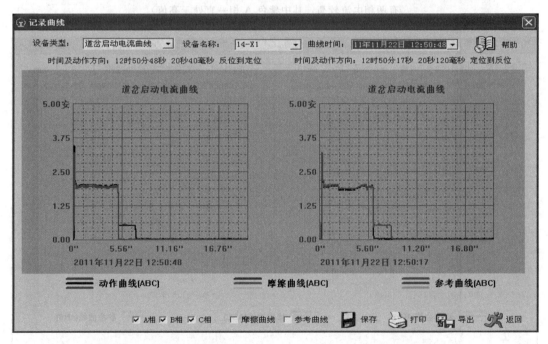

图 3-1-126 此曲线动作时间正常，表示也能接通，不影响道岔使用

八、轨道电路电压曲线分析

（一）正常的操作

① 工区需每日浏览轨道电路实时值，若发现超标（红字）后应结合日曲线情况进行

信号微机监测

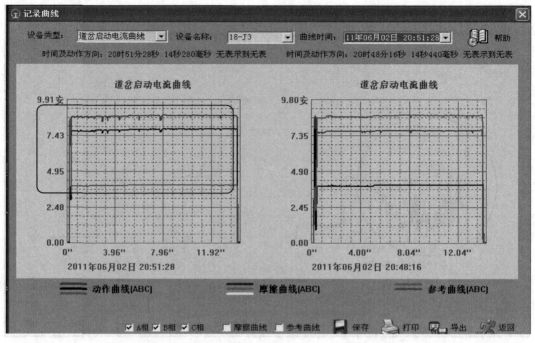

图 3-1-127 室外混线时动作曲线（动作电流三相不平衡，有两相电流较高，其中紫色 A 相一直处于高值）

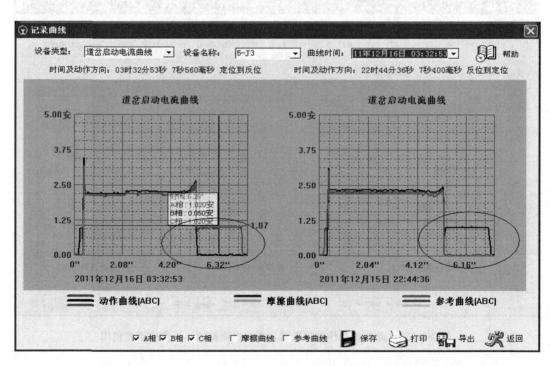

图 3-1-128 5-J3 道岔整流盒不良时动作曲线（动作到位后的释磁电流比平时的高出 1 倍，由 0.5mA→1mA 左右）

分析。

② 工区每日浏览轨道电压、轨道相位角日报表，观察有无超标（红字），发现超标要结

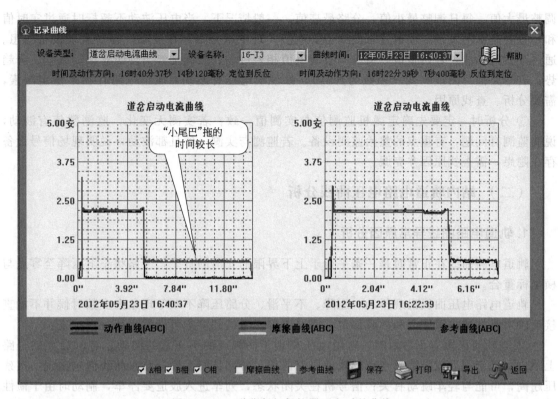

图 3-1-129 道岔断相保护器不良时的曲线

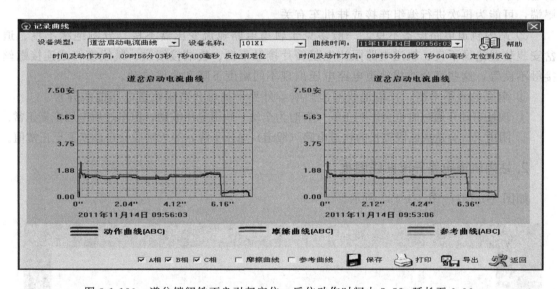

图 3-1-130 道岔锁闭铁不良引起定位→反位动作时间由 5.52s 延长至 6.36s

合电压日曲线、月曲线进行分析，并实际测试轨道电压是否波动，及时处理并记录。若轨道接收器为二元二位继电器，轨道电压日报表中出现轨道电压调整值为"0"的超标报警时，应检查二元二位继电器的插接是否良好（原因是微机监测上显示调整与分路的状态采的是二元二位继电器的空接点），必要时更换二元二位继电器。

③ 轨道电路日曲线应为工区每日调看重点。点击轨道电路→日曲线→出现日曲线窗口。

④ 轨道电压月曲线表示该电压每天的变化趋势，是由日报表中的三个数据生成：每日

调整最大值、每日调整最小值、分路最高值。一般情况下，当电压波动不超标时通过实时值和日报表是不易发现，但通过月曲线走势就能发现电压是否存在波动，容易发现设备隐患。通过观察月曲线：若调整最高值与调整最低值相差过大、曲线走势出现明显波动或呈下降趋势；若分路值月曲线突变（多数为升高），都说明电压有波动，轨道电路存在不稳定因素，需要分析、查找原因。

⑤ 分析时一定要先确定微机监测值与实测值一致：若实测无变化，监测数值有波动，说明监测有问题，有重点的整治监测设备。若监测与实测一致且都波动，说明现场信号设备存在隐患，需查找原因并克服。

（二）站内轨道电路电压曲线分析

1. 轨道电路曲线异常原因分析

轨道电路曲线在正常时是一条平行于上下界限的光滑的直线，分路状态下压降至零点与横坐标重合。

轨道电路电压曲线出现抖动、压降、不平滑、分路压降不顺等现象大多数时候并不能直接反映出具体的故障原因和故障部位，需要维修者考虑到多重可能性进行一一排查。

① 当轨道区段有车占用时，轨道电压出现不同幅度的不正常的波动，有时会突破分路上限。多见于雨后或长期不走车的轨道电路区段；分路良好区段分路月曲线偶尔出现一次残压超高，可能与轻车跳动有关；信号机在关闭状态，列车进入股道要停车，制动时由于惯性会造成车列晃动，车列瞬间与钢轨接触不良会产生残压突变，若残压超高出现在分路曲线的尾端，可能为再次进行编组连接或挂机车有关。

② 站内轨道电路设备不良，一般多见于轨道电路轭流变压器不良、分割绝缘不良、道岔安装装置绝缘不良、轨道电路限流电阻簧片接触不良、轨端接续线、跳线塞钉或连接螺丝接触不良等，这些都会造成轨道电路电压出现不同幅度下降和曲线波动。

③ 牵引电流不平衡，杆塔地线漏泄影响等外界干扰也会造成轨道电压曲线异常。

④ 现场有动车通过时也会影响正线（有时为全站）轨道电压波动，但车过后电压恢复正常。

⑤ 阴雨天气会造成区段较长的轨道电路（股道）电压下降，等天晴后会自动恢复至正常值。

2. 站内轨道电路异常曲线图集

如图 3-1-131～图 3-1-137 所示。

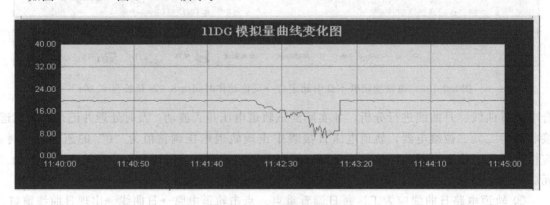

图 3-1-131　分路不良曲线

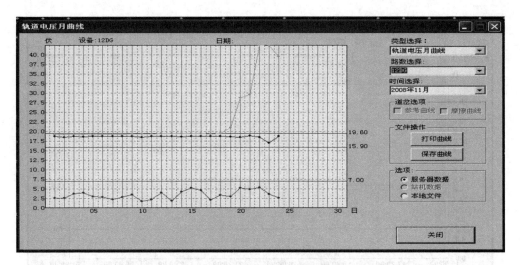

图 3-1-132 牵引电流干扰曲线

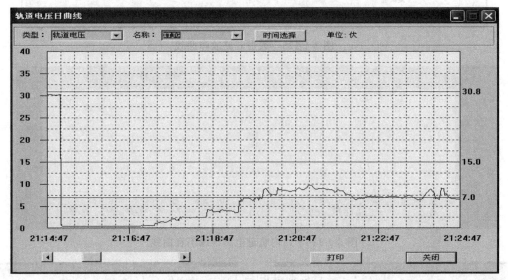

图 3-1-133 断轨曲线

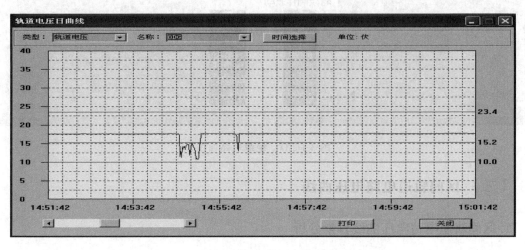

图 3-1-134 钢卷尺测量造成钢轨短路的日曲线

信号微机监测

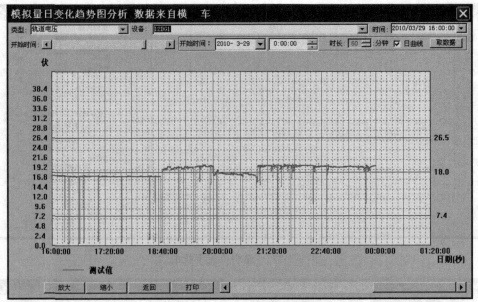

图 3-1-135　通道开路故障曲线

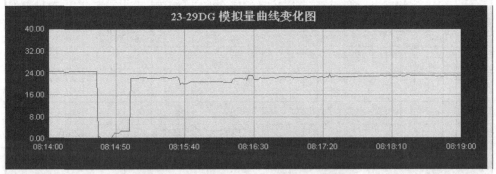

图 3-1-136　站内轨道电路绝缘不良曲线

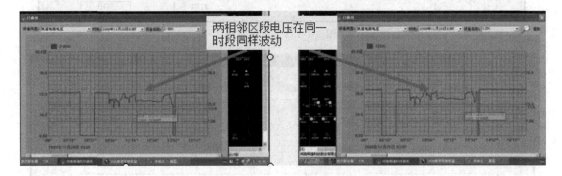

图 3-1-137　绝缘短路曲线

（三）区间轨道电路电压曲线

1. 区间轨道电路电压曲线异常分析

微机监测对区间轨道电路采集点较多，发送端、模拟电缆侧、衰耗器轨入、轨出等处均有采集。同时微机监测的检测项目不仅限于电压值，对电流、载频、低频等信息均有监测，这些都有利于在设备出现异常现象时进行详细分析判断问题范围。

① 一般情况下通过月曲线走势比较容易能发现电压是否存在波动，及时发现设备隐患。如果在调看时发现月曲线有下滑趋势，在排除下雨造成漏泄的可能外，就要首先考虑补偿电容是否有问题，其次是匹配变压器、室内衰耗盘不良等。

② 每个区段都有一个关键电容，这就需要大家在现场试验确定，如果失效的刚好是关键电容，那么区段就会故障；补偿电容失效对于主轨电压影响最大，主轨电压会随其降低，对小轨影响不大；但是如果失效的是距离调谐单元最近的电容，那么小轨电压就会升高。

③ 换轨施工时更换引接线材质（ZPW-2000A 无绝缘移频轨道电路设备刚上道时采用的是长钢包铜引接线，造价较高，再次更换时可能换为纯钢丝绳，钢的导电性不如铜），会造成主轨接收电压下降。

④ 区间清筛捣固易造成电容失效，其他器材不良也会造成接收电压下降。

2. 区间轨道电路异常曲线图集

如图 3-1-138～图 3-1-141 所示。

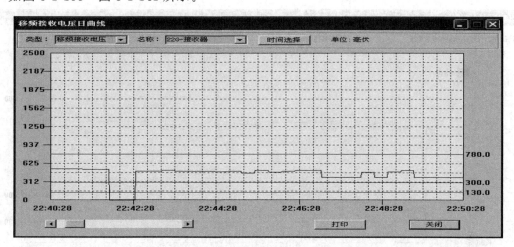

图 3-1-138 电容断线日曲线

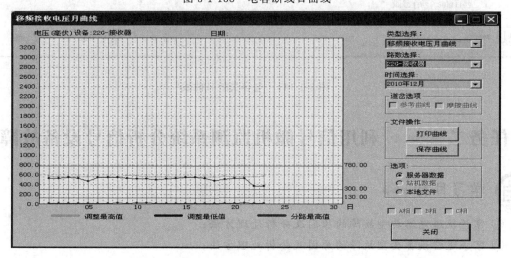

图 3-1-139 电容断线月曲线

信号微机监测

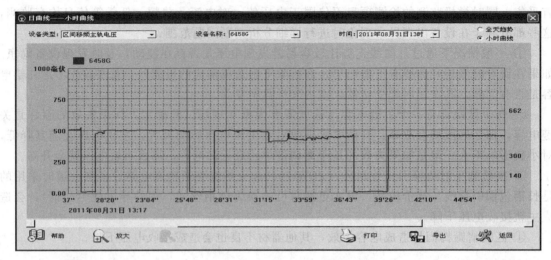

图 3-1-140　电容不良日曲线

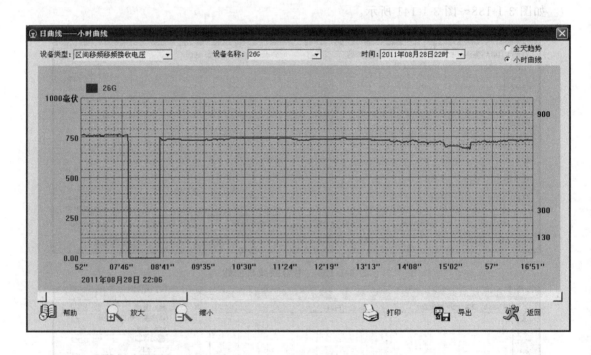

图 3-1-141　电容失效日曲线

任务二　利用信号微机监测系统分析信号设备故障

 学习目标 ▶▶▶

① 掌握轨道电路典型故障的原因及分析处理方法；
② 掌握道岔设备典型故障的原因及分析处理方法；
③ 掌握电源屏典型故障的原因及分析处理方法。

相关知识

一、轨道电路典型故障案例分析

【案例一】 2010 年 12 月 23 日，调看某站移频接收电压月曲线（图 3-2-1）时发现：22G-接收器电压的月曲线的最低值较以往下降较多。

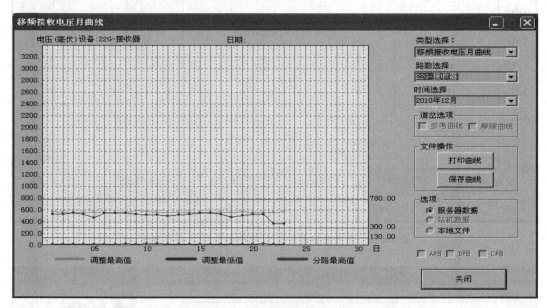

图 3-2-1　移频接收电压月曲线

分析：通过日报表调看最低值的时间；调看日曲线图 3-2-2 发现日曲线成矩形波动。判断设备存在隐患，立即通知车间、工区对该区段进行检查。

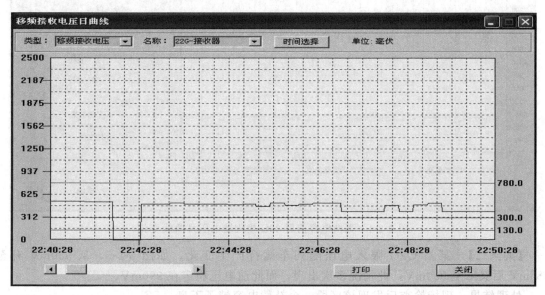

图 3-2-2　移频接收电压日曲线

处理结果：一小时后电话回复说 22G 的送端第三个电容断线，更换后 22G-接收器电压日曲线平稳图 3-2-3。月曲线也趋于平稳，如图 3-2-4。

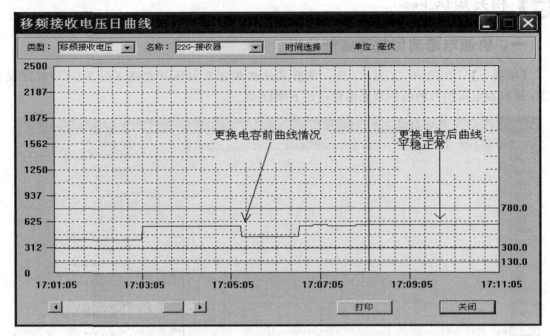

图 3-2-3　更换电容前后 22G 接收器电压日曲线变化

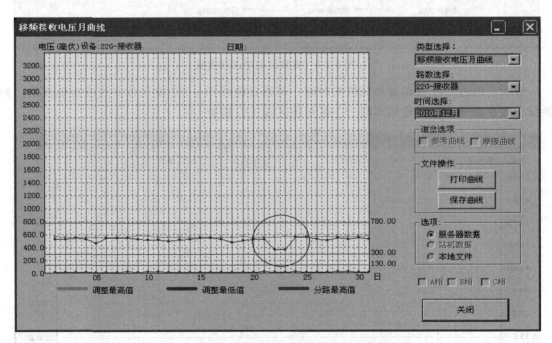

图 3-2-4　更换电容前后 22G 接收器电压月曲线变化

【案例二】 某站 Q2G 限入电压随列车运行产生变化，如图 3-2-5，从 930mV 升至 985mV 后又降至 930mV，此情况多次出现，而此前电压稳定在 990mV。

处理结果： 现场检查后发现该区段一个补偿电容销子不良。

【案例三】 2009 年 1 月 4 日某站 55DG 多次电压在 18～20.9V 间波动。而平时该区段电压 20V 左右，如图 3-2-6。

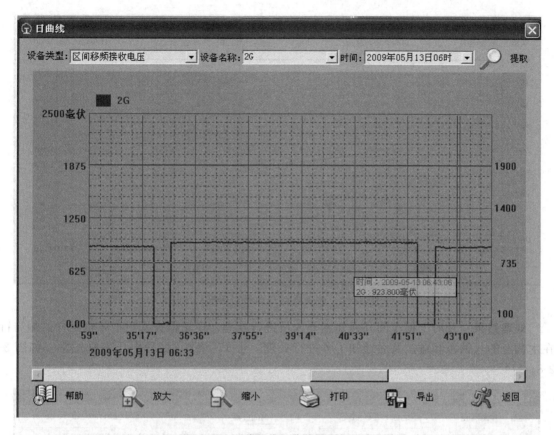

图 3-2-5 轨道电路日曲线对话框（一）

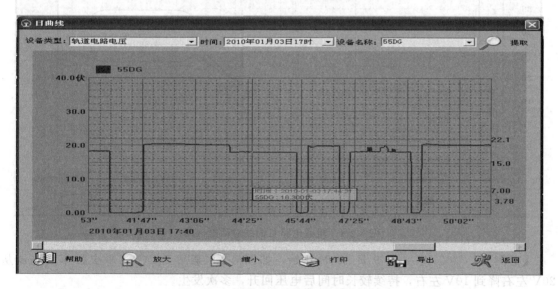

图 3-2-6 轨道电路日曲线对话框（二）

处理结果：现场工区查找发现该区段电源线接触不良，整治后恢复正常。

【案例四】 2011 年 3 月 18 日某站工区值班人员在调看微机监测时，发现 24～26DG（一送三受区段）16∶02 车过后电压同时下降：DG 由 18.3V 下降至 16.9V，DG1 由 18.2V 下降至 16.8V，DG2 由 17.6V 下降至 16.2V，如图 3-2-7。

信号微机监测

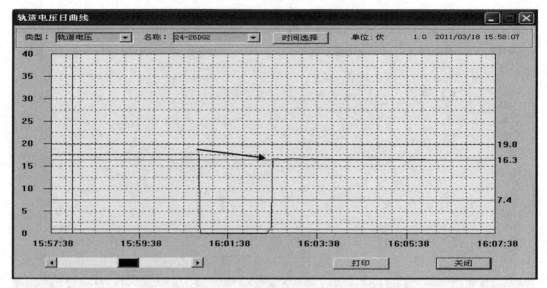

图 3-2-7　轨道电路日曲线对话框（三）

处理结果： 及时上报车间并通知室外人员进行处理。现场检查发现工务轨距杆两端与钉在木枕上的长铁板相碰。及时通知工务进行处理，于 17：03 该区段电压恢复正常，如图 3-2-8。

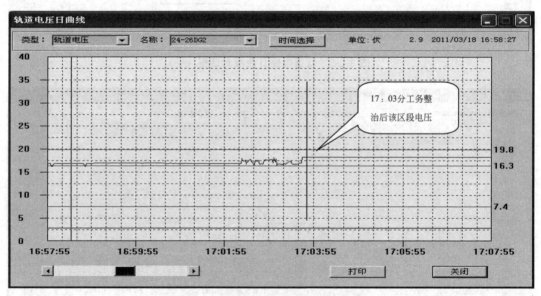

图 3-2-8　轨道电路日曲线对话框（四）

【案例五】 2009 年 8 月 9 日 10 时开始，如图 3-2-9 某站 54DG 在每次过车后电压从 20V 左右降到 10V 左右，持续较长时间后电压回升，多次发生。

处理结果： 工区检查发现扣件碰夹板，联系工务处理后，电压不再波动，稳定在 20V。

二、道岔设备典型故障案例分析

【案例一】 道岔保护器特性不良：如图 3-2-10 某站道岔动作曲线记录时间达 16s 情况，该道岔转换到位仅用时 5.5s，说明该道岔转换到位后 1DQJ 未及时落下。

项目三 信号微机监测系统应用

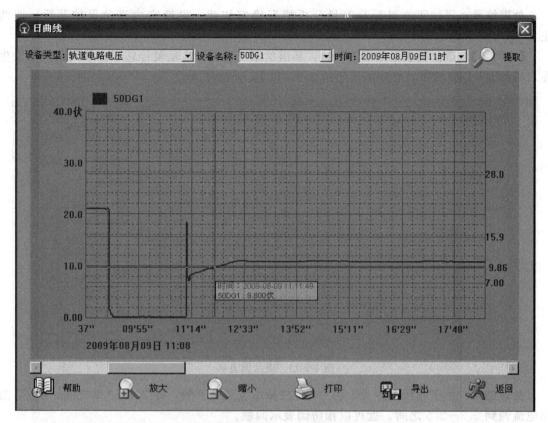

图 3-2-9 轨道电路日曲线对话框（五）

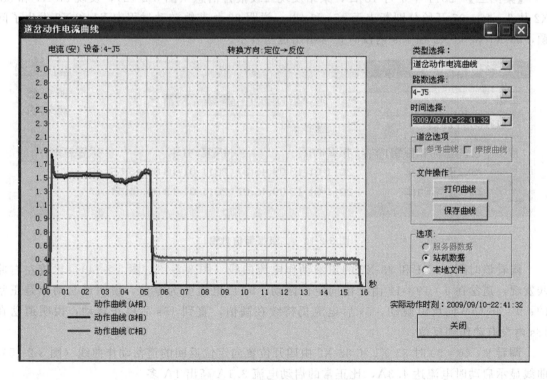

图 3-2-10 道岔动作电流曲线

处理结果： 通过回放调看开关量分析情况确实如此。更换室内道岔保护器后，曲线正常。

【案例二】 道岔倒表示如图 3-2-11：某道岔第二动刚一启动就停转了，该问题一般发生在双机的 B、D 转辙机，故障电流超过 2.8A 以上。

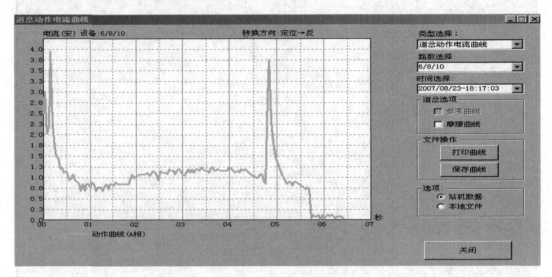

图 3-2-11 道岔倒表示

处理结果： 由于春秋温差大，将 B、D 故障电流调到下限，即 2.0～2.2 之间，A、C 故障电流调到 2.3～2.5 之间，就可以预防倒表示问题。

【案例三】 2011 年 1 月 13 日，某站发现二级报警信息（图 3-2-12），发现 33-X1 和 33-X2 从 9：46：07 开始分别断表示 47s 和 48s，说明 33＃芯轨转动过程中 X1 和 X2 发生了问题，33-X1 和 33-X2 在 13s 内没有正常给出道岔表示。

图 3-2-12 二级报警信息窗口

调看该时刻 33-X1 和 33-X2 的道岔动作电流曲线（图 3-2-13、图 3-2-14），比较左右曲线发现，道岔在 4：19：12 由反位向定位搬动，5s 后电流变为零值，说明道岔动作是正常的；9：46：06 向反位搬动，5s 后电流仍持续在高值，直到 13s 后停止转动，说明道岔在 13s 内没有动作到反位。

调看 9：46：50 时 33-X1 和 33-X2 由四开位置向定位返回的道岔动作曲线（图 3-2-15），曲线显示启动时电流达 4.3A，比正常的启动电流 3.1A 高出 1A 多。

分析： 由此可以推断出 33＃芯轨由定位向反位转换中断的原因是道岔受到了卡阻；曲

项目三 信号微机监测系统应用

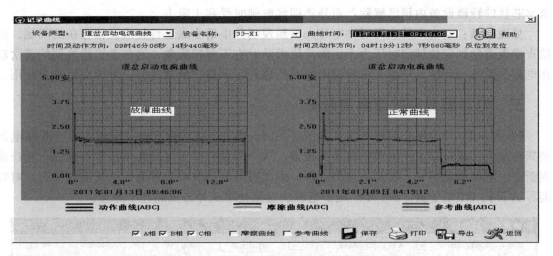

图 3-2-13　33-X1 故障与正常动作电流曲线

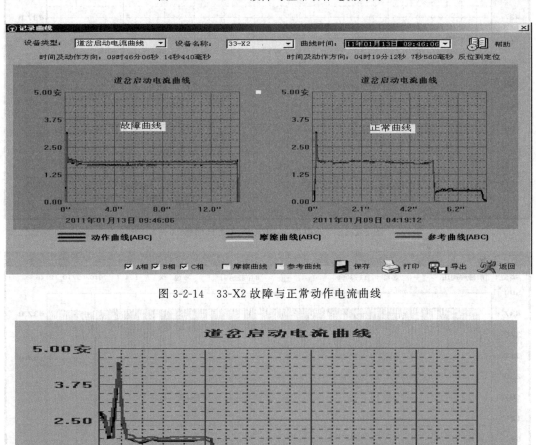

图 3-2-14　33-X2 故障与正常动作电流曲线

图 3-2-15　33-X1 和 33-X2 道岔返回动作曲线

线显示转换 1s 就回到原有位置，说明道岔卡阻的位置在道岔动程的五分之一处，由此推断道岔芯轨的转辙设备内锁已解除，而外锁即将解锁时受到了阻力。

处理结果：室内人员立即通知室外人员到现场并申请小点进行整治设备存在的问题。经检查发现道岔到定位锁闭时压力大，向反位搬动时有不解锁现象，这与微机监测到的道岔动作电流曲线是一致的。现场人员对锁闭加减片进行了调整，测试压力正常后交付车务使用。

三、电源屏典型故障案例分析

【案例一】 外电网三相电源波动如图 3-2-16～图 3-2-18，造成电源屏输入Ⅰ、Ⅱ路电源频繁转换，二级报警主副电源转换多次报警。这个时候有些工区对此类报警不重视，凭经验判断电力电源质量不好，不再去过多分析，但此时外电网波动会对电务设备造成损害，对智能屏 A 屏内 D1 端子板 3＃、4＃端子电源线连接处多次冲击发热埋下隐患。

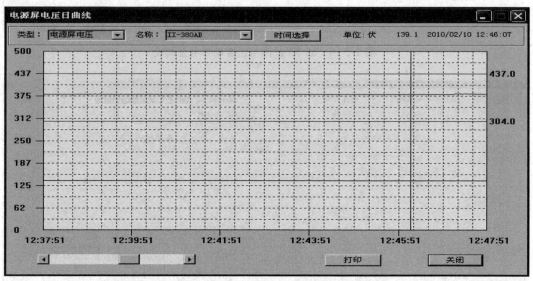

图 3-2-16　外电网三相电源波动日曲线（一）

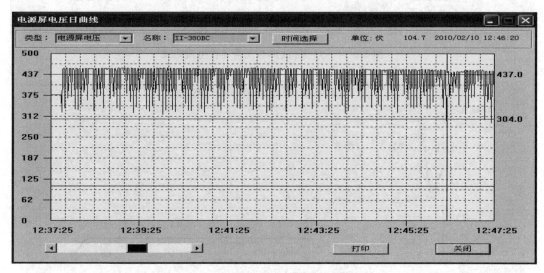

图 3-2-17　外电网三相电源波动日曲线（二）

分析：智能屏 A 屏内 D1 端子板 3＃端子配线端接触不良，电流大发热造成电源线阻燃层烧焦冒烟进而烧坏相邻的电源线。

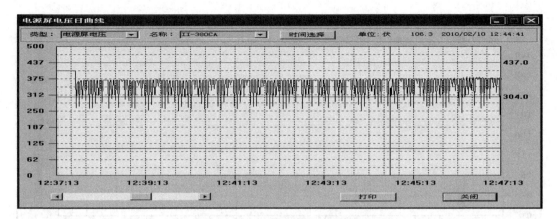

图 3-2-18 外电网三相电源波动日曲线（三）

【案例二】 某站 8 月 14 日在Ⅰ、Ⅱ路电源电压稳定的情况下，电源屏 DZ220、1XJZ220 等输出电压瞬间波动（如图 3-2-19）。

序号	设备名	数据类型	数值(V)	时间
001	I-220	最大值	222	2010/08/14/06:09:41
		最小值	211	2010/08/14/00:05:56
		平均值	218	2010/08/14/23:59:59
002	II-220	最大值	238	2010/08/14/22:52:56
		最小值	200	2010/08/14/19:49:27
		平均值	228	2010/08/14/23:59:59
003	DZ220	最大值	240	2010/08/14/21:19:23
		最小值	203	2010/08/14/08:39:35
		平均值	232	2010/08/14/23:59:59
004	KZ24	最大值	24.6	2010/08/14/11:54:04
		最小值	22.4	2010/08/14/08:39:35
		平均值	24.4	2010/08/14/23:59:59
005	1XJZ	最大值	218	2010/08/14/10:53:53
		最小值	189	2010/08/14/08:39:35
		平均值	218	2010/08/14/23:59:59
006	2XJZ	最大值	218	2010/08/14/00:00:06
		最小值	189	2010/08/14/08:39:35
		平均值	218	2010/08/14/23:59:59
007	1GJZ	最大值	217	2010/08/14/00:00:45
		最小值	190	2010/08/14/08:39:35
		平均值	216	2010/08/14/23:59:59
008	2GJZ	最大值	217	2010/08/14/01:15:32

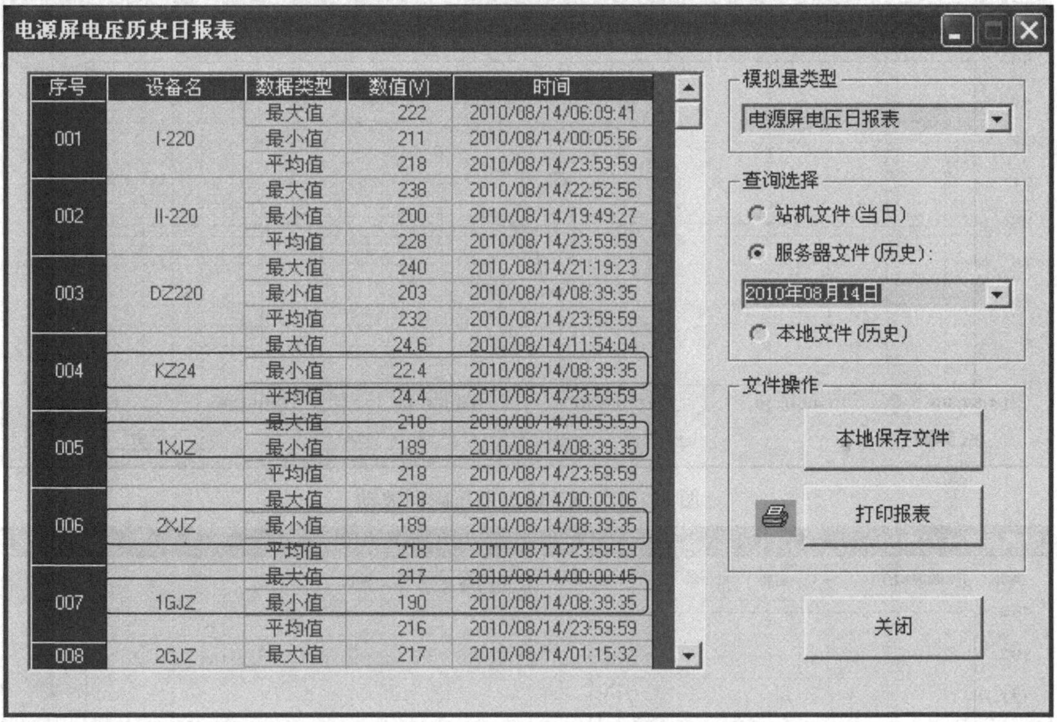

图 3-2-19 电源屏 KZ、DZ、1XJZ、GJZ 等输出电压瞬间波动

调看当时各路电源的日曲线情况，如图 3-2-20～图 3-2-23。

处理结果： 经过仔细查找，发现转换屏内一电容损坏，及时进行了更换，避免了一起可能发生的重大故障。

【案例三】 图 3-2-24～图 3-2-26 为电源屏故障影响到信号开放的案例。调看当时日曲线发现 XJZ 电源电压日曲线一直处于波动状态，最低值低至 97V。

处理结果： 故障发生后查找、测试发现电源屏模块不良，更换模块后电压恢复正常，故障消除。

信号微机监测

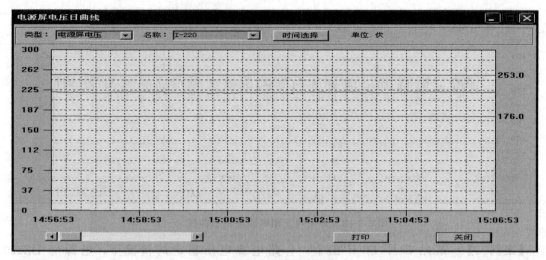

图 3-2-20　Ⅰ路电源电压平稳

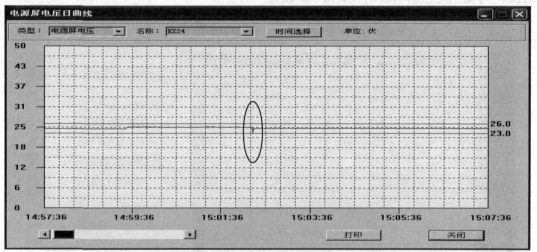

图 3-2-21　KZ输出电压瞬间波动

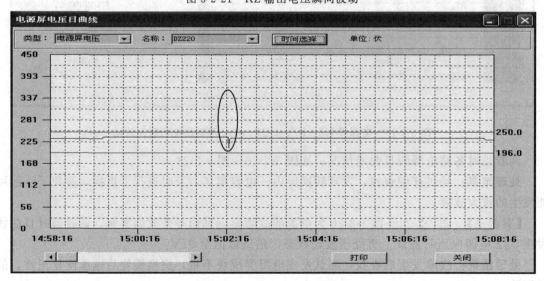

图 3-2-22　DZ输出电压瞬间波动

项目三 信号微机监测系统应用

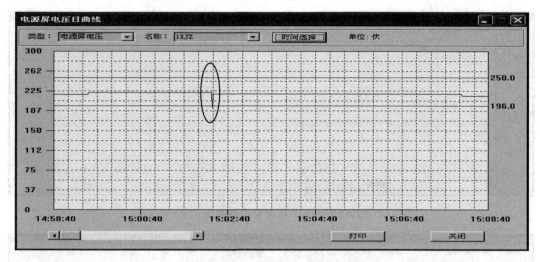

图 3-2-23 XJZ 输出电压瞬间波动

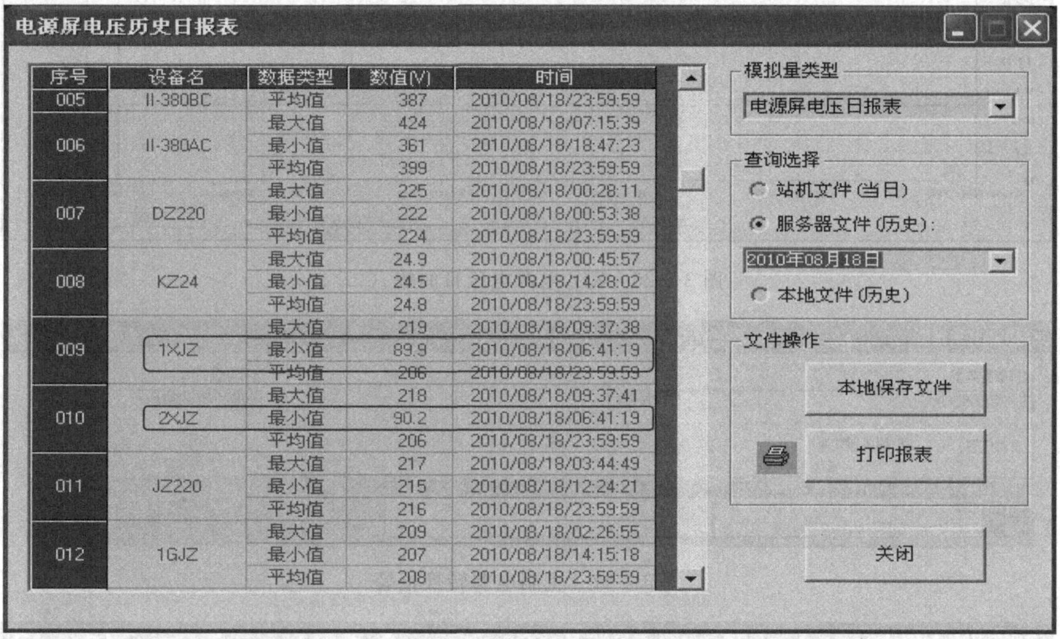

图 3-2-24 XJZ 电源电压日报表同时降低

【案例四】 2011 年 3 月 4 日某站 7：01：07 主副电源转换报警如图 3-2-27。

分析：微机监测调看发现，在外电网无任何变化的情况下，电源由 I 路自动倒 II 路工作；同时发现 II 场道岔表示交、直流电压超标。对采样点进行测量发现道岔表示交、直流电压确实超标。经查看调压屏输出电压 410V，交流屏 DJZ 电压 250V，手动对调压屏进行降压到 390V，交流屏 DJZ 电压降为 230V，道岔表示交、直流正常。

处理结果：对调压屏进行升压试验时发现调压屏不能升压，立即通知电源屏工区到南站进行处理，经更换驱动盘后升压、降压试验良好。

【案例五】 某站 2010 年 10 月 29 日 3：11～3：12，区间红光带，I 路电源瞬间波动如图 3-2-28。

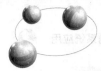

信号微机监测

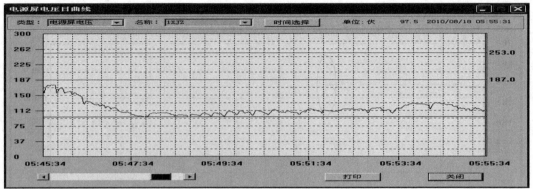

图 3-2-25　XJZ 电源电压日曲线（一）

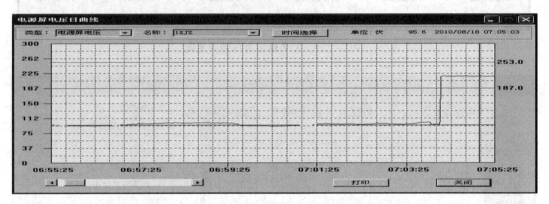

图 3-2-26　XJZ 电源电压日曲线（二）

图 3-2-27　主副电源转换报警

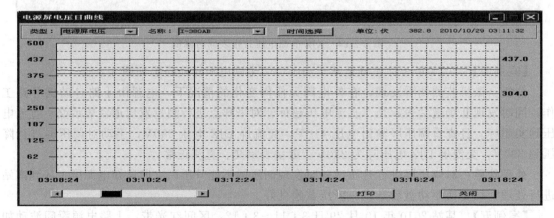

图 3-2-28　Ⅰ路电源瞬间波动

项目三 信号微机监测系统应用

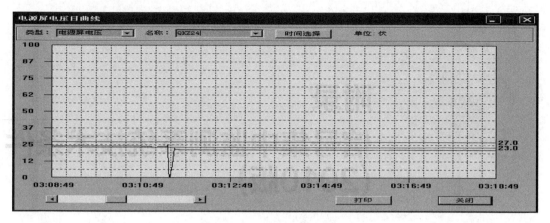

图 3-2-29 QKZ24 电压日曲线

处理结果：经查找发现Ⅰ路电源波动倒Ⅱ路时区间电源屏内 24V 直流模块 2 插座配线烧焦造成 QKZ24 降低，如图 3-2-29。更换后恢复正常。

 习题 ▶▶▶

3-1 数据、曲线的调看方法都有哪些？
3-2 绝缘漏流测试过程中为什么要拔掉防雷元件？
3-3 站机的操作界面主要由哪些组成？
3-4 报警信息主要有哪几类，每类包括哪些？
3-5 画出正常的直流电动转辙机启动电流曲线。
3-6 画出正常的交流电动转辙机启动电流曲线。
3-7 画出道岔不锁闭的直流电动转辙机启动电流曲线。
3-8 画出道岔锁闭力过大的直流电动转辙机启动电流曲线。
3-9 画出减速器故障不能转动的直流电动转辙机启动电流曲线。
3-10 画出电机断线的直流电动转辙机启动电流曲线。
3-11 画出道岔不能锁闭的交流电动转辙机启动电流曲线。
3-12 画出电机缺相的交流电动转辙机启动电流曲线。
3-13 画出电机短路的交流电动转辙机启动电流曲线。
3-14 画出正常的交流连续式轨道电路电压曲线。
3-15 画出正常的 25Hz 轨道电路电压曲线。

附录 信号集中监测系统技术条件（2010版）

1. 范围

本标准规定了铁路信号集中监测系统（原信号微机监测）的体系结构、监测内容、系统功能及技术要求。

本标准适用于铁路信号集中监测系统（以下简称监测系统）的设计、制造、工程施工以及工程验收。新建铁路及既有线微机监测系统的升级改造应按照本标准执行。

2. 标准和缩略语

2.1 引用标准

下列标准所包含的条文，通过在本标准中引用而构成为本标准的条文。凡是注明日期的引用文件，其随后所有的修改单（不包括勘误的内容）或修订版均不适用于本标准。然而，鼓励根据本标准达成协议的各方研究是否可使用这些文件的最新版本。凡是不注日期的引用文件，其最新版本适用于本标准。

【1】铁运【2008】142 号《铁路信号维护规则》技术标准（修订版）

【2】科技运【2008】36 号文《客运专线铁路信号产品暂行技术条件》

【3】铁运【2006】26 号文《铁路信号设备雷电及电磁兼容综合防护实施指导意见》

【4】运基信号【2007】535 号文《信号设备雷电及电磁兼容综合防护举例设计说明》

【5】经规标准【2008】18 号《客运专线铁路信号施工技术指南》

【6】《200～250km/h 客运专线系统集成设计、产品、施工技术规范（暂行）》

【7】TB/T 2616—94《铁路通信光缆数字段技术要求》

【8】GB-T 7611—2001《数字网系列比特率电接口特性》

【9】TB 1476 铁路信号箱、架、柜外形基本尺寸系列

【10】TB 1000—99《铁路通信设计规范》

【11】GBT/T 50311《建筑与建筑群综合布线系统工程设计规范》

【12】TB/T 3074—2003《铁道信号设备雷电电磁脉冲防护技术条件》

【13】运基信号【2008】63 号文关于印发《有源应答器监测装置技术条件（暂行）》的通知

【14】运基信号【2003】49 号文关于公布《转辙机表示缺口监测报警系统技术条件》及

试验安排的通知。

2.2 缩略语

【1】 RBC　　　　　　无线闭塞中心
【2】 TSRS　　　　　　临时限速服务器
【3】 CTC　　　　　　分散自律调度集中系统
【4】 ZPW2000　　　　ZPW2000系列无绝缘移频轨道电路设备
【5】 IP数据网　　　　基于TCP/IP技术的铁路内部专用的"互联网"
【6】 UPS　　　　　　不间断电源
【7】 OSPF　　　　　　开放最短路径优先协议
【8】 CSM　　　　　　信号集中监测
【9】 EIGRP　　　　　增强网关内部路由线路协议
【10】 TCC　　　　　　列车控制中心
【11】 DMS　　　　　　列控设备动态监测系统
【12】 LAIS　　　　　　列车运行状态信息系统

3. 总则

3.1 为适应电务系统对信号设备维护的更高要求，充分发挥监测系统在铁路信号设备维护工作方面的指导作用，加强监测系统数据分析，实现故障预警和故障诊断，推动监测系统向综合化、智能化、信息化方向发展，制定本技术条件。

3.2 监测系统是保证行车安全、加强信号设备结合部管理、监测信号设备状态、发现信号设备隐患、分析信号设备故障原因、辅助故障处理、指导现场维修、反映设备运用质量、提高电务部门维护水平和维护效率的重要行车设备。监测系统应统一规划，统一实施，与联锁、闭塞、列控、TDCS/CTC、驼峰等系统同步设计、施工、调试、验收及开通。

3.3 监测系统是信号设备的综合集中监测平台，其监测范围包括联锁、闭塞、列控、TDCS/CTC、驼峰、电源屏、计轴等信号系统和设备。同时还包括与防灾、环境监测等其他系统接口监测。

3.4 对于计算机联锁、列控中心、TDCS/CTC、智能电源屏、ZPW2000、有源应答器、计轴等具有自诊断功能的信号设备，其接口方式、信息内容、采集精度、实时性须符合本标准，监测系统通过数据接口获取所需的信息。监测系统预留与RBC、TSRS等系统接口。

3.5 监测系统应采用成熟可靠的技术手段，实现信号设备运用过程的动态实时监测、数据记录、统计分析。

3.6 监测系统应能监测信号设备的主要电气特性和转辙设备的机械特性，当偏离预定界限或不能正常工作时应及时预警或报警。

3.7 监测系统应能及时记录监测对象的异常状况，具备预警分析和故障诊断功能。

3.8 监测系统应能监督、记录信号设备与电力、车务、工务等结合部的有关状态。

3.9 监测系统须采用良好的隔离措施，不得影响被监测设备的正常工作。

3.10 监测系统应具备抗电气化干扰能力，确保在电气化区段能正常工作。

3.11 监测系统应采用模块化、网络化结构，可分散、集中设置，适应不同站场的要求。

3.12 监测系统的采集传感器经过标准计量器具校核后，应保证1年内其各项测试精度指标满足本标准的要求。

3.13 监测系统应具有统一的人机界面，操作简单，易于维护，具备一定的自诊断功能。

3.14 监测系统应采用统一接口、标准协议，能实现全路互联互通。

3.15 监测系统网络应采用冗余技术、可靠性技术和网络安全技术，确保网络与信息安全。

3.16 监测系统与其他专业系统信息交换时，应采用可靠的网络安全隔离技术，确保监测系统的网络安全。

3.17 监测系统应具有统一的时钟校核功能，确保系统中各个节点的时钟统一。

3.18 基建、大修、更改工程，需同步装备监测系统。

4. 体系结构及通信网络技术要求

4.1 系统体系结构

监测系统体系结构包括系统配置的层次结构和数据通信的网络结构。体系结构的划分应符合电务部门维护和管理工作的实际需要。

监测系统的层次结构为"三级四层"结构。

三级为：原铁道部、铁路局、电务段。

四层为：原铁道部电务监测子系统、铁路局电务监测子系统、电务段监测子系统、车站监测网。体系结构如图1。

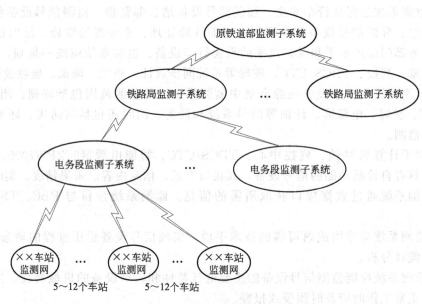

图 1 系统体系结构图

4.1.1 原铁道部电务监测子系统配置通信管理机、原铁道部监测终端。

4.1.2 铁路局电务监测子系统配置应用服务器、监测终端、维护工作站。

4.1.3 电务段监测子系统配置数据库服务器、应用服务器、通信前置机（超过200个车站，增设一套）、接口服务器、WEB服务器（预留）、网络管理服务器、防病毒服务器、时钟服务器、网络通信设备、网络安全设备（防火墙等）、电源设备、防雷设备、维护工作站、监测终端等。监测终端主要包括电务段调度终端、试验室终端、车间终端、工区终端等设备，可根据维修管理需要配置相应的终端。

4.1.4 原铁道部通信管理机应采用双机冗余备份技术以增加系统的可靠性。

4.1.5 铁路局应用服务器、电务段应用服务器、电务段数据库服务器、电务段通信前置机应采用双机冗余备份技术以增强系统的可靠性。

4.1.6 车站监测网配置站机和采集设备以及网络通信设备。

4.2 通信网络技术要求

4.2.1 组网原则

4.2.1.1 监测系统基层网应采用不低于 2Mbps 通道单独组网，独立运行。客运专线实施时，预留 ZPW2000 维护终端接入监测基层网进行站间通信的应用，其通道带宽相应增加。

4.2.1.2 新建监测系统接入电务段或铁路局既有微机监测系统网络时，应与既有微机监测系统共用局域网，不再单独组网，并根据实际情况，对既有监测系统网络设备进行利旧、扩容或改造。

4.2.1.3 监测系统组网应遵照统一规划、统一标准、合理布局的原则，在满足现阶段需要的同时，应留有发展余量。

4.2.1.4 监测系统应采用 TCP/IP 协议并符合开放式网络体系结构。

4.2.1.5 集中监测基层网与既有微机监测上层网均采用专用不低于 2Mbps 通道时，为保证互联互通，既有路由器和新设路由器应支持 OSPF 或 EIGRP 协议。

4.2.1.6 监测系统网络设计应在保证可靠性、安全性、实时性的前提下，采用标准、通用的网络设备。

4.2.1.7 监测系统网络节点（车站 ZPW2000 维护终端）IP 地址全路应统一编码。IP 编码应考虑为列控中心、计算机联锁、CTC 等系统车站维护终端纳入集中监测预留相应的 IP 地址。

4.2.2 系统总体结构及网络构成

4.2.2.1 监测系统的网络结构分为车站、车间（工区）与电务段之间的通信基层网和电务段对铁路局、原铁道部的上层网。基层网和上层网之间应互联互通，确保新建线路车站监测信息接入既有电务段、铁路局监测系统中。

4.2.2.2 监测系统基层网应采用专用的传输通道，传输速率为不低于 2Mbps。基层网是由网络通信设备和传输通道构成的环形网络，应采用冗余措施提高网络的可靠性。

4.2.2.3 电务段、铁路局、原铁道部集中监测子系统路由器、交换机、以太网适配器及网络线等关键网络设备或部件均应采用双套冗余配置。

4.2.2.4 监测系统车站的路由器、交换机、以太网适配器及网络线等网络设备或部件采用单套配置。

4.2.2.5 车站通信机械室至信号机械室应采用光纤通道和光接口设备连接。

4.2.2.6 采用环形通道组网时，基层广域网通道的汇聚节点应分别接入电务段路由器，同一环路中首尾两条通道汇聚节点应分别接入电务段互为冗余的双套路由器，区域汇聚点应考虑双套路由器的负载均衡。

4.2.2.7 各车站局域网之间通道带宽应不低于 2Mbps，采用环形组网方式连接，每 5～12 个车站形成一个环路，并以不低于 2Mbps 通道抽头方式与电务段星型连接。环内具体车站数量可以结合通信传输系统节点情况确定。

4.2.3 基层网应采用独立的不低于 2Mbps 通道组网。当采用 IP 数据网时，应具备相

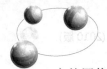

应的网络隔离和安全措施，其覆盖范围包括所有车站、工区、车间、电务段。

4.2.4 基层网接入上层网的技术要求

4.2.4.1 基层网是专用2Mbps通道，上层网是IP数据网时，两者在电务段增加相应网络设备或接口服务器以保证互联互通。基层网是IP数据网，上层网是专用2Mbps网络时，实现要求同上。

4.2.4.2 基层网与上层网均采用IP数据网时，上层网统一给基层网每个车站、中继站、动车所、线路所、综合保养点、综合维修工区等节点分配IP地址，保证既有上层网的既有终端可以联通基层网的每个节点。网络规划由设计院或IP网管理者统一考虑。

4.2.4.3 当客运专线跨多个电务段时，应在电务段之间设置2M通道，便于不同电务段间分界口车站信息共享。

4.2.5 局域网要求

4.2.5.1 局域网设计须满足一致性、安全性、可靠性、可管理性的要求。

4.2.5.2 局域网应选用以太网系列技术标准，并采用TCP/IP协议。

4.2.5.3 局域网可采用RJ45接口方式，传输介质为超五类双绞线或光纤。局域网布线应符合《建筑与建筑群综合布线系统工程设计规范》（GBT/T 50311）的有关规定。

4.2.5.4 对于传输通道条件受限的地区和有特殊要求的地方，可设计无线局域网，或有线与无线相结合的局域网。

4.2.6 广域网要求

4.2.6.1 广域网应利用铁路基础通信平台，设计合理的接入模式。

4.2.6.2 广域网应采用TCP/IP协议，IP地址分配应严格遵守铁道部网络地址分配相关规定。

4.2.6.3 通信通道传输系统指标

- 广域网数据传输通道的带宽应不低于2Mbps，误码率应$\leqslant 10^{-7}$；
- 当使用E1电路传输时，误码率应$\leqslant 10^{-7}$；
- 当使用数据网传输时，网络端到端的主要性能指标符合《IP网络技术要求-网络性能参数与指标》YD/T 1171 中 QoS 1级（交互式）标准。

4.2.7 监测系统网络结构包括车站局域网、车间/工区局域网、电务段局域网、铁路局局域网、原铁道部局域网以及连接各层局域网的广域网络。

4.2.7.1 车站局域网、车间/工区局域网应采用集线器或交换机进行组网，采用星型连接方式。传输速率要求不低于100Mbps。

4.2.7.2 车间/工区局域网可采用两种方式接入监测网。一是采用就近原则，就近接入到车站局域网中；二是采用点对点方式通过不低于2Mbps通道连接到电务段局域网中。

4.2.7.3 电务段局域网应采用交换机进行组网，采用星型连接方式。传输速率要求不低于1000Mbps。

4.2.7.4 原铁道部、铁路局和电务段局域网应采用交换机进行组网，采用星型连接方式。传输速率要求不低于1000Mbps。

4.2.7.5 原铁道部局域网、铁路局局域网以及电务段局域网之间通过不低于2Mbps通道星型连接。

4.2.8 监测系统网络各个节点之间的通信应采用TCP/IP协议和统一的数据格式。

4.2.9 监测系统网络应设置网络管理服务器，具备监督网络通道状况、数据流量、各接入节点计算机硬件配置情况、软件安装情况。

5. 功能及要求

5.1 模拟量监测功能

5.1.1 外电网综合质量监测

5.1.1.1 监测内容：外电网输入相电压、线电压、电流、频率、相位角、功率。

5.1.1.2 监测点：配电箱（电务部门管理）闸刀外侧。

5.1.1.3 监测量程：AC380V 电压：量程范围 0～500V；AC220V 电压：量程范围 0～300V；电流量程范围：0～100A；频率量程范围：0～60Hz；功率量程范围：0～30kW。

5.1.1.4 监测精度：电压±1%；电流±2%；频率±0.5Hz；相位角±1%；功率±1%。

5.1.1.5 监测方式：周期巡测（周期≤1s）；变化测。电流采用开口式电流互感器检测。

5.1.1.6 采样速率：断相、错序、瞬间断电开关量的采样速率为 50ms。电压、电流采样速率为 250ms。

5.1.1.7 报警：

① 输入电压大于额定值的 15% 或小于额定值的 20% 时报警并记录。

② 输入电压低于额定值的 65%，时间超过 1000ms 时断相/断电报警并记录。

③ 输入电压低于额定值的 65%，时间超过 140ms，但不超过 1000ms 时瞬间断电报警并记录。

④ 对于三相（380V）输入电源，相序错误时错序报警并记录。

5.1.2 电源屏监测

5.1.2.1 监测内容

① 各电源屏输入电压、电流。

② 电源屏各路输出电压、电流；25Hz 电源输出电压、频率、相位角。

5.1.2.2 监测点

非智能电源屏的转换屏输入端、其他非智能屏的电压输出保险后端。

5.1.2.3 监测量程

① 电压量程：

电压/V	量程/V	电压/V	量程/V	电压/V	量程/V	电压/V	量程/V	电压/V	量程/V
AC380	0～500	AC220	0～300	AC110	0～200	AC24	0～50	AC12	0～30
DC220	0～300	DC24	0～50	DC48	0～80	DC12	0～30	DC6	0～10

② 电流量程（具体电流量程根据实际可作调整）

电源屏类型	量程 A	电源屏类型	量程 A	电源屏类型	量程 A
2.5kV·A	0～20	10kV·A	0～50	驼峰屏	0～100
5kV·A	0～30	15kV·A	0～80	30kV·A	0～100

③ 频率量程

电源类型	量程 Hz	电源类型	量程 Hz
50Hz	0～60	25Hz	0～30

④ 相位角：0°～360°。

5.1.2.4 监测精度：电压±1%；电流±2%；频率±0.5Hz；相位角±1%。

5.1.2.5 测试方式：周期巡测（周期≤1s）；变化测。

5.1.2.6 采样速率：250ms。

5.1.2.7 电源屏输出报警

电源屏输出电压大于额定值的3%或小于额定值的3%时报警并记录。

其他输出报警标准参见《铁路信号维护规则》12.2章节相应内容。

5.1.3 轨道电路监测

5.1.3.1 交流连续式轨道电路监测

5.1.3.1.1 监测内容：轨道继电器交流电压、直流电压。

5.1.3.1.2 监测点：轨道继电器端或分线盘。

5.1.3.1.3 监测量程：AC：0～40V、DC：0～40V。

5.1.3.1.4 测量精度：±1%。

5.1.3.1.5 测试方式：站机周期巡测（周期≤2s）；变化测。

5.1.3.1.6 采样速率：250ms。

5.1.3.2 25Hz相敏轨道电路监测

5.1.3.2.1 监测内容：轨道接收端交流电压、相位角。

5.1.3.2.2 监测点：轨道测试盘侧面端子或二元二位轨道电路继电器端、局部电压输入端，相敏轨道电路电子接收器端。

5.1.3.2.3 监测量程：电压0～40V；相位角0°～360°。

5.1.3.2.4 监测精度：电压±1%；相位角±1%。

5.1.3.2.5 测试方式：站机周期巡测（周期≤2s）；变化测。轨道继电器励磁时测相位角，轨道占用时不测试相位角。

5.1.3.2.6 采样速率：500ms。

5.1.3.3 高压不对称脉冲轨道电路监测

5.1.3.3.1 监测内容：接收端波头、波尾有效值电压，峰值电压，电压波形。

5.1.3.3.2 监测点：译码器相应端子。

5.1.3.3.3 监测量程：0～100V。

5.1.3.3.4 监测精度：±2%。

5.1.3.3.5 测试方式：站机周期巡测（周期≤2s）；变化测。

5.1.3.3.6 采样速率：0.2ms。

5.1.3.4 驼峰2.3轨道电路监测

5.1.3.4.1 监测内容：驼峰JWXC-2.3轨道继电器工作电流。

5.1.3.4.2 监测点：轨道继电器。

5.1.3.4.3 监测量程：0～800mA。

5.1.3.4.4 监测精度：±3%。

5.1.3.4.5 测试方式：站机周期巡测（周期≤2s）；变化测。

5.1.3.4.6 采样速率：250ms。

5.1.4 转辙机监测

5.1.4.1 直流转辙机监测

5.1.4.1.1 监测内容：道岔转换过程中转辙机动作电流、故障电流、动作时间、转换方向。

5.1.4.1.2 监测点：动作回线。

5.1.4.1.3 监测量程：电流：0~10A（单机）。动作时间：0~40s（单机）。

5.1.4.1.4 测量精度：电流±3%；时间≤0.1s。

5.1.4.1.5 测试方式：根据1DQJ条件进行连续测试。

5.1.4.1.6 采样速率：40ms。

5.1.4.2 交流转辙机监测

5.1.4.2.1 转辙机类型：ZYJ系列液压道岔转辙机，S700K系列、ZDJ-9系列交流电动转辙机。

5.1.4.2.2 监测内容：道岔转换过程中转辙机动作功率、电流、动作时间、转换方向。

5.1.4.2.3 监测点：电压采样在断相保护器输入端，电流采样在断相保护器输出端。

5.1.4.2.4 监测量程：动作电流0~10A（单机）；动作时间0~40s（单机）；功率0~5kW（单机）。

5.1.4.2.5 测量精度：电流±2%；功率±2%；时间≤0.1s。

5.1.4.2.6 测量方式：根据1DQJ条件进行连续测试。

5.1.4.2.7 采样速率：40ms。

5.1.4.3 驼峰ZD7型直流快速道岔转辙机

5.1.4.3.1 监测内容：道岔转换过程中转辙机动作电流、故障电流和动作时间、转换方向。

5.1.4.3.2 监测点：动作回线。

5.1.4.3.3 监测量程：电流：0~30A。动作时间：0~3s。

5.1.4.3.4 测量精度：电流±3%；时间≤0.1s。

5.1.4.3.5 测试方式：根据1DQJ条件进行连续测试。

5.1.4.3.6 采样速率：10ms。

5.1.4.4 道岔表示电压监测

5.1.4.4.1 监测内容：道岔表示交、直流电压。

5.1.4.4.2 监测点：分线盘道岔表示线。

5.1.4.4.3 监测量程：DC：0~100V，AC：0~200V。

5.1.4.4.4 监测精度：±1%。

5.1.4.4.5 测量方式：站机周期巡测（周期≤2s）；变化测。

5.1.4.4.6 采样速率：500ms。

5.1.5 电缆绝缘监测

5.1.5.1 电缆类型：各种信号电缆回线（提速道岔只测试X4，X5；对耐压低于500V的设备，如LEU等不纳入测试）。

5.1.5.2 监测内容：电缆芯线全程对地绝缘；测试电压：DC500V。

5.1.5.3 监测点：分线盘或电缆测试盘处。

5.1.5.4 监测量程：0~20MΩ，超出量程值时显示">20MΩ"。

5.1.5.5 测量精度：±10%。

5.1.5.6 测试方式：人工确认天气状况良好、拔出防雷或断开防雷地线后启动、自动测量；人工命令多路测试。

5.1.6 电源对地漏泄电流监测

5.1.6.1 监测类型：电源屏各种输出电源。

5.1.6.2 监测内容：输出电源对地漏泄电流。

5.1.6.3 监测点：电源屏输出端。

5.1.6.4 监测量程：AC0～300mA，DC0～10mA。

5.1.6.5 测量精度：±10%。

5.1.6.6 测试方式：在天窗点内人工启动，通过1kΩ（DC）/50Ω（AC）电阻测试电源对地漏泄电流值。人工命令多路测试。

5.1.7 列车信号机点灯回路电流的监测

5.1.7.1 监测内容：列车信号机的灯丝继电器（DJ，2DJ）工作交流电流。

5.1.7.2 监测点：信号点灯电路始端。

5.1.7.3 监测量程：0～300mA。

5.1.7.4 监测精度：±2%。

5.1.7.5 测试方式：站机周期巡测（周期≤2s）；变化测。

5.1.7.6 采样速率：500ms。

5.1.8 集中式移频监测

5.1.8.1 站内电码化监测

5.1.8.1.1 监测内容：站内发送盒功出电压、发送电流、载频及低频频率。

5.1.8.1.2 监测点：发送器（盒）功出端。

5.1.8.1.3 监测量程

① 发送电压 0～200V（电化区段）；0～50V（非电化区段）。

② 发送电流 0～5A。

③ 既有移频：载频 0～1000Hz，低频 0～35Hz，频偏 55Hz。

④ ZPW2000系列和UM71制式：载频：1650～2650Hz，低频 0～30Hz。频偏：11Hz。

5.1.8.1.4 监测精度：电压±1%，电流±2%，载频频率±0.1Hz；低频频率±0.1Hz。

5.1.8.1.5 测试方式：站机周期巡测（周期≤1s）；根据轨道占用状态动态测试。

5.1.8.1.6 采样速率：250ms。

5.1.8.2 集中式有绝缘移频自动闭塞监测

5.1.8.2.1 监测内容：发送端功出电压、发送电流、载频及低频频率；接收端限入电压、移频频率及低频频率。

5.1.8.2.2 监测点：发送器（盒）功出；接收器（盒）限入。

5.1.8.2.3 监测量程：

① 发送电压 0～200V。

② 发送电流 0～5A。

③ 载频 0～1000Hz，低频 0～35Hz，频偏 55Hz。

④ 接收电压 0～5V。

5.1.8.2.4 监测精度：电压±1%，电流±2%，载频频率±0.1Hz；低频频率±0.1Hz。

5.1.8.2.5 测试方法：站机周期巡测（周期≤2s）；根据轨道占用状态动态测试。

5.1.8.2.6 采样速率：250ms。

5.1.8.3 集中式无绝缘移频自动闭塞监测

5.1.8.3.1 监测类型：ZPW2000系列、UM71制式等无绝缘移频轨道电路。

5.1.8.3.2 监测内容：

① 区间移频发送器发送电压、电流、载频、低频。

② 区间移频接收器轨入（主轨、小轨）电压，轨出1、轨出2电压、载频、低频。

③ 区间移频电缆模拟网络电缆侧发送电压、接收电压、发送电流。

5.1.8.3.3 监测点：发送盒（器）功出端，模拟网络电缆侧。接收衰耗器输入，接收盒（器）输入端。

5.1.8.3.4 监测量程

① 发送功出电压：0～300V。

② 发送电流：0～1000mA。

③ 接收电压：（轨入电压：0～7V，轨出1、轨出2电压0～3V）。

④ 载频：1650～2650Hz，低频0～30Hz。

⑤ 模拟网络电缆侧发送电压0～200V、接收电压0～15V，电流0～2A。

5.1.8.3.5 测量精度：电压±1%，电流±2%，载频±0.1Hz，低频±0.1Hz。

5.1.8.3.6 测试方法：站机周期巡测（周期≤1s）；根据轨道占用状态动态测试。

5.1.8.3.7 采样速率：250ms。

5.1.9 半自动闭塞监测

5.1.9.1 监测内容：半自动闭塞线路直流电压、电流，硅整流输出电压。

5.1.9.2 监测点：分线盘半自动闭塞外线、硅整流输出端。

5.1.9.3 量程范围：电压：±(0～200)V，电流：±(0～500)mA。

5.1.9.4 测量精度：电压±1%，电流±1%。

5.1.9.5 测试方式：站机周期巡测（周期≤2s）；根据闭塞按钮状态变化动态测试并形成电压、电流曲线。

5.1.9.6 采样速率：100ms。

5.1.10 环境状态的模拟量监测

5.1.10.1 温度监测

5.1.10.1.1 监测内容：信号机械室、电源屏室、微机室环境温度。

5.1.10.1.2 监测点：信号机械室、电源屏室、微机室内等处。

5.1.10.1.3 量程范围：－10～60℃。

5.1.10.1.4 测量精度：±1℃。

5.1.10.1.5 测试方式：站机周期巡测（周期≤1s）；变化测。

5.1.10.2 湿度监测

5.1.10.2.1 监测内容：信号机械室、电源屏室、微机室湿度。

5.1.10.2.2 监测点：信号机械室、电源屏室、微机室等处。

5.1.10.2.3 量程范围：0～100%RH。

5.1.10.2.4 测量精度：±3%RH。

5.1.10.2.5 测试方式：站机周期巡测（周期≤1s）；变化测。

5.1.10.3 民用空调电压、电流、功率监测

5.1.10.3.1 监测内容：民用空调电压、电流、功率。

5.1.10.3.2 监测点：信号机械室、电源屏室、微机室等空调工作电源线。

5.1.10.3.3 量程范围：交流电压0～500V，电流0～50A，功率0～25kW。

5.1.10.3.4 测量精度：电压±1%；电流±2%；功率±2%。

5.1.10.3.5 测试方式：站机周期巡测（周期≤1s）；变化测。

5.1.10.3.6 量程范围：0～150℃。

5.1.10.3.7 测量精度：±1℃。

5.1.10.3.8 测试方式：站机周期巡测（周期≤1s）；变化测。

5.1.11 防灾异物侵限监测

5.1.11.1 监测内容：防灾系统与列控系统分界口处接口直流电压。

5.1.11.2 监测点：分线盘。

5.1.11.3 量程范围：0～40V。

5.1.11.4 测量精度：±1%。

5.1.11.5 测试方式：站机周期巡测（周期≤1s）；变化测。

5.1.11.6 采样速率：250ms。

5.1.12 站（场）间联系电压

5.1.12.1 监测内容：站（场）间联系线路直流电压、场间联系电压、自闭方向电路电压、区间监督电压。

5.1.12.2 监测点：分线盘。

5.1.12.3 量程范围：直流±（0～200）V。

5.1.12.4 测量精度：±1%。

5.1.12.5 测试方式：站机周期巡测（周期≤1s）；变化测。

5.1.12.6 采样速率：250ms。

5.2 开关量监测功能

5.2.1 监测类型：按钮状态、控制台表示状态、关键继电器状态等。

5.2.2 监测内容与要求

5.2.2.1 监测内容：开关量实时状态变化。

5.2.2.2 监测点

① 列、调车按钮状态原则上采集按钮的空接点。无空接点时，可从按钮表示灯电路采集；对于列车、调车按钮继电器有空接点的，可从该空接点采集；有半组空接点的，可用开关量采集器采集。

② 其他按钮状态原则上从按钮表示灯电路采集，无表示灯电路时，可从按钮空接点采集。

③ 控制台所有表示灯状态从表示灯电路采集；集中式自动闭塞的区间信号机点灯和区间轨道电路占用状态，从移频接口电路采集。

④ 根据系统软件实现监测功能的需要，具体选定功能性关键继电器进行采集。原则上从关键继电器空接点采集；只有半组空接点的，可采用开关量采集器采集；无法从空接点进行采集的关键性继电器，可采用安全、可靠的电流采样方案进行采集。

5.2.2.3 测试方法：站机周期巡测（周期≤1s）。下位机采样周期小于等于150ms，变化信息存储并自主上发。

5.2.3 其他开关量监测

5.2.3.1 提速道岔分表示采集：对提速道岔各个转辙机定反位状态进行监测、显示、存储。

5.2.3.2 监测列车信号主灯丝断丝状态并报警，报警应定位到某架信号机或架群。通过智能灯丝报警仪（器）接口获取主灯丝断丝报警等信息，应定位到灯位。

5.2.3.3 对组合架零层、组合侧面以及控制台的主副熔丝转换装置进行监测、记录并报警。

5.2.3.4 对6502站道岔电路SJ第八组接点封连进行动态监测，记录并报警。

5.2.3.5 环境监控开关量监测（具体项目可选）：电源室、微机室、机械室等处的烟雾、明火、水浸、门禁、玻璃破碎等报警开关量信息的采集、记录并报警。

5.3 监测系统接口

对于计算机联锁、列控中心、TDCS/CTC、智能电源屏、ZPW2000、有源应答器、计轴、道岔缺口等具有自诊断功能的信号设备，监测系统应通过接口方式获取所需的状态信息和报警信息，其接口方式、信息内容、准确性、实时性须符合本标准。

环境监测功能已经纳入到动环监控系统中时，监测系统不另行采集，应通过接口获取环境监控信息。

5.3.1 计算机联锁接口

5.3.1.1 监测内容：

（1）轨道 轨道占用、轨道锁闭、区段锁闭。

（2）道岔 定位表示、反位表示、总定、总反、道岔总锁、道岔单锁、道岔单解、道岔单操、道岔单封、心轨单操、尖轨单操。

（3）信号机 灭灯、绿灯、红灯、黄灯、引导白灯、双绿、绿黄、双黄、黄闪黄、调车白灯、白闪、红闪、黄闪、绿闪、断丝闪灯。

（4）其他按钮 故障通知、总人解、总取消、事故解锁、列车按钮，调车按钮、灭灯按钮、点灯、关灯、按钮单封（戴帽）状态、接车辅助、发车辅助、总辅助、允许改方（或允许反向）等按钮。

（5）报警信息 轨道停电、挤岔、主灯丝断丝、灯丝断丝、排架熔丝报警、移频报警、计算机联锁控显机故障报警，联锁输入板故障报警、联锁CPU板故障报警、联锁输出板故障报警、主备机故障、联锁与列控通信故障、联锁与TDCS/CTC接口故障等报警。

（6）其他表示灯 主副电源灯、区间监督、接车表示灯、发车表示灯、自律模式、允许转为自控、非常站控。

（7）设备状态 联锁设备（板级）状态、A/B机状态、联锁与列控通信状态、联锁与TDCS/CTC通信状态，主备机同步状态。

5.3.1.2 接口方式

RS-422/485接口，硬件光电隔离，由计算机联锁维护台单向发送，监测系统接收。

5.3.1.3 测试方法

与监测系统的通信（周期≤1s）。维修机采样周期小于等于150ms，变化信息存储并上发。

5.3.2 列控中心系统接口

5.3.2.1 监测内容

1.列控平台设备工作状态和系统通信接口状态

（1）各类硬件板卡状态；

（2）TCC与各子系统（联锁、CTC、TSRS、邻站TCC）通信接口状态。

2.列控业务接口信息

(1) 联锁接口进路、改方、信号降级；
(2) CTC/TSRS 接口临时限速；
(3) 邻站 TCC 边界、改方；
(4) 区间区段：空闲、占用码位；
(5) 区间线路方向状态、站内区段方向状态、灾害防护继电器状态；
(6) 区间信号点灯状态：灭灯、红灯、绿灯、黄灯、绿黄。

3. 列控控制输出结果信息
(1) 轨道电路编码；
(2) 有源应答器报文编码；
(3) 继电器驱动输出（方向驱动、区间点灯驱动）。

4. 列控维护报警信息
硬件平台各板卡故障报警、A/B 机工作异常报警、A/B 机主备状态及同步状态、与联锁接口报警、与 TDCS/CTC 接口报警、与邻站列控中心接口报警、与 ZPW2000 接口报警、与 LEU 接口报警、LEU 应答器异常报警。

5.3.2.2 接口方式
与独立的列控中心维修机之间通过 RJ45 方式接口，列控中心维修机侧增加隔离措施及防病毒措施。

5.3.2.3 测试方法
与监测系统的通信（周期≤1s）。采样周期小于等于 500ms，变化信息存储并上发。

5.3.3 ZPW2000 系列轨道电路接口
5.3.3.1 监测内容
(1) 设备状态
① 客专通信编码 2000 区段主备 CI-TC 轨道电路通信盘：
• CANA、CANB、CANC、CAND、CANE 接口通信状态；
• 通信盘设备工作状态。
② 客专通信编码 ZPW2000 区段主备发送器设备：
• CAND、CANE 接口通信状态；
• 设备工作状态（ZFS，BFS）。
③ 客专通信编码 ZPW2000 区段接收器设备：
• CAND、CANE 接口通信状态；
• 设备工作状态。
④ 既有继电编码 ZPW2000 区段设备状态：
FS24、FBJ、JS24、JBJ、ZFJ、FFJ。
(2) 区段占用状态
① 主轨道状态。
② 小轨道状态。
(3) 客专通信编码 ZPW2000 区段接收 TCC 编码控制命令
① 主轨道载频编码。
② 小轨道载频编码。
③ 主轨道低频编码。
④ 小轨道低频编码。

(4) 维护报警信息
① CI-TC 通信盘与轨道电路监测维护终端通信中断。
② CI-TC、FS、JS 设备通信接口状态和工作状态异常报警。
③ 小轨道报警、轨道区段报警信息。
(5) 模拟量信息
① 区间移频发送器发送电压、电流、载频、低频；
② 送端电缆模拟网络电缆侧电压、电流、载频、低频；
③ 受端电缆模拟网络电缆侧主轨道电压、载频、低频，小轨道电压、载频、低频；
④ 受端电缆模拟网络设备侧（轨入）主轨道电压、载频、低频；小轨道电压、载频、低频；
⑤ 接收入口（轨出）主轨道电压、载频、低频，小轨道电压、载频、低频；
⑥ 道床电阻（无砟轨道区段监测系统暂不显示、有砟轨道区段监测系统显示）。

5.3.3.2 接口方式

监测系统站机与 ZPW2000 维修终端之间通过 RJ45 方式接口，其 IP 地址由监测系统统一分配。ZPW2000 维修终端侧应增加隔离措施及防病毒措施，确保运行稳定。防病毒软件在新建工程实施时与监测系统统一规划，统一实施、统一升级。

5.3.3.3 测试方法

与监测系统的通信（周期≤1s）。采样周期小于等于 250ms，变化信息存储并上发。

5.3.4 TDCS/CTC 接口

5.3.4.1 监测内容

(1) 设备状态：A/B 机标志、与联锁通信状态、与列控通信状态、自身设备状态。
(2) 接口报警：A/B 机工作异常报警、与联锁 A 机通信中断报警、与联锁 B 机通信中断报警、与列控 A 机通信中断报警、与列控 B 机通信中断报警、无线调度命令转接器通信中断，自身板卡故障报警。

5.3.4.2 接口方式

RS-422 接口，硬件光电隔离。

5.3.4.3 测试方法

与监测系统的通信（周期≤1s）。维修机开关量采样周期小于等于 150ms，变化信息存储并上发。

5.3.5 智能电源屏接口

5.3.5.1 监测内容

一、智能电源屏
(1) 智能电源屏模块状态信息：交流接触器闭合、断开状态，模块工作/备用状态；模块通讯正常/中断状态；模块工作/保护状态；模块正常/故障状态。
(2) 模拟量监测内容
① 各电源屏输入电压、电流；
② 各种电源屏每路输出电压、电流；
③ 25Hz 电源输出电压、频率、相位角。
(3) 智能电源屏报警信息：交流输入停电、系统输入停电、电源输出支路断电、系统输出空开故障。
(4) 监测点：电源屏输入交流接触器外侧，电源屏输出空气开关外侧（信号设备侧）。

(5) 监测精度：电压±1%；电流±2%；频率±0.5Hz；相位角±1°。

(6) 采样速率：250ms（KZ、KF电源采样速率：小于150ms）。

二、UPS电源

(1) 模拟量监测内容

① UPS输入相电压、电流、频率、功率。

② UPS电池组电压、旁路相电压。

③ UPS后备时间或后备容量。

④ UPS输出电压、频率、功率、峰值比（可选项）。

(2) UPS报警信息：UPS交流输入停电；系统输入停电；UPS输出断电；UPS故障；UPS告警。

(3) 监测点：UPS输出空气开关外侧（信号设备侧）。

(4) 监测精度：电压±1%；电流±2%；频率±0.5Hz。

(5) 采样速率：250ms。

5.3.5.2 接口方式

UPS信息由智能屏采集后通过统一的485接口传送给监测系统。硬件光电隔离。

5.3.5.3 测试方法

智能电源屏维护机每秒发送全体模拟量和开关量的最新信息；变化测。

5.3.6 灯丝报警接口

5.3.6.1 监测内容

列车信号主灯丝断丝状态并报警，定位到每架信号机的每个灯位。

5.3.6.2 接口方式

CAN接口。硬件光电隔离。

5.3.6.3 测试方法

与监测系统的通信（周期≤1s）。变化信息存储并上发。

5.3.7 预留通过通信接口对转辙机表示缺口状态、融雪装置设备状态、机车信号远程监测信息、TSRS、RBC、DMS信息、LAIS信息、道口设备状态、有源应答器监测信息进行监测、记录并报警。安全数据网网管终端应纳入监测系统。

参 考 文 献

［1］ 李萍．铁路信号集中监测系统．北京：中国铁道出版社，2012．
［2］ 蒋艳芬．信号微机监测信息分析指示．北京：中国铁道出版社，2012．
［3］ 张胜平．铁路信号集中监测系统原理及应用．重庆：西南交通大学出版社，2013．
［4］ 郑州：河南辉煌科技股份有限公司．信号微机监测系统维护手册．2010．

参考文献

[1] 李颜. 高速铁路列车运行控制系统. 北京: 中国铁道出版社, 2012.
[2] 张曙光. 京沪高速铁路信号系统. 北京: 中国铁道出版社, 2012.
[3] 郭进等. 铁路信号计算机联锁系统原理及应用. 重庆: 西南交通大学出版社, 2012.
[4] 蒋先刚. 高速铁路信号系统的构成. 高等职业技术教育研究与实践, 2010.